Gesamtinhaltsverzeichnis

Vorwort ... 2

Material: Beobachtungsbogen „Leseförderung" ... 3

Themen:

- Zoo ... 4
- Ernährung ... 23
- Bauernhof ... 37
- Körper ... 53
- Zeit ... 69

Vorwort

Liebe Kolleginnen und Kollegen,

mit dem dritten Band des Lesethrons haben wir die noch fehlenden, relevanten Sachunterrichtsthemen des 1. und 2. Schuljahres als stark differenzierte Leseangebote aufgearbeitet. Das Thema „Ernährung" enthält bewusst Aspekte der gesunden Ernährung, um die Kinder für eine ausgewogene Ernährung zu sensibilisieren (zur Information: Heutzutage sind ca. 10 % der Kinder übergewichtig und ca. 6 % krankhaft adipös).

Abb. kann als Kopiervorlage für Lesepass / Leseurkunde (s. Band 1 und 2) verwendet werden

Die aus den Bänden 1 und 2 des Lesethrons bekannten Spiel- und Übungsformen zum sinnentnehmenden Lesen wurden bewusst aufgegriffen. Die wiederkehrenden Übungsformen ermöglichen den Kindern – neben neuen Leseangeboten – Sicherheit im Umgang mit den Lesematerialien.

Bei der Bearbeitung bietet sich der Einsatz von sinnvollen Lesehilfen wie Leserakete, Lesemaschine und ansprechend illustrierten Lesemotivationen (Leseurkunde, Lesekrone, Lesepass) an, die in den beiden anderen Bänden des Lesethrons enthalten und aus Platzgründen hier nicht erneut aufgenommen worden sind, genauso wie die Tipps und Tricks zur Aufbereitung und Aufbewahrung der Materialien.

Um Ihre Kinder in ihrem individuellen Lesefortschritt genau beobachten zu können, haben wir einen Übersichtsbogen entwickelt, der auf die Leseangebote der Bände 1 bis 3 des Lesethrons abgestimmt ist. Der Beobachtungsbogen (s. S. 3) ermöglicht Ihnen, den Lesefortschritt Ihrer Kinder genau zu dokumentieren.

Für Leseanfänger ist es sinnvoll, einige der Leseangebote und Spiele in eine andere Schriftgröße hochzukopieren. Wenn Sie die Arbeitsangebote einmal aufbereitet und laminiert haben, sodass die Kinder diese mit Folienstiften bearbeiten können, darf der Kopierer getrost ausgeschaltet bleiben.

Die Materialsammlung des Lesethrons ist unabhängig vom Leselehrgang und von Fibelkonzepten einsetzbar. Die Spiele und Übungen haben sich sowohl als ergänzendes Material für den offenen Unterricht als auch für den Förderunterricht im Lesen bewährt.

Wir wünschen Ihnen und Ihren Kindern viel Freude und Erfolg mit der Materialsammlung „Lesethron – Band 3".

Julia Bracke und Birgit Giesen

Beobachtungen zur Leseförderung

Name: _____

Lesefortschritt	Datum	Datum	Datum	Datum	Datum	Datum	Datum
… kann zu geläufigen Anlauten gleiche Anlaute finden							
… findet zu allen Anlauten Wörter mit gleichem Anlaut							
… kann geläufigen Buchstaben die passenden Laute zuordnen							
… findet zu allen Buchstaben die passenden Laute							
… kann Groß- und Kleinbuchstaben richtig zuordnen							
… kann Silben zu einfachen Wörtern zusammenfügen							
… hat das Leseprinzip verstanden							
… kann einfache Wörter sinnentnehmend lesen							
… kann längere / schwierigere Wörter sinnentnehmend lesen							
… liest mit Lesehilfe (z. B. Leserakete, Lesepfeil)							
… kann kurze Sätze sinnentnehmend lesen							
… kann kleine Texte sinnentnehmend lesen							
… kann Fragen zum Text richtig beantworten							
… kann längere / schwierigere Texte sinnentnehmend lesen							
… kann kleine Texte vorlesen							
… kann Texte flüssig und mit Betonung vortragen							
Arbeitsverhalten							
… arbeitet motiviert ☺ / ungern ☹ mit Leseangeboten							
… geht mit den Lesematerialien ordentlich / nicht ordentlich um							
… kann Leseangebote selbstständig / mit Hilfe bearbeiten							
… kann Arbeitsaufträge selbstständig erlesen und verstehen							
… kann mit anderen Kindern zusammenarbeiten							
… kann anderen Kindern bei der Bearbeitung von Leseangeboten helfen							

Thema: Zoo

Inhaltsverzeichnis

Angebot 1 Silben-Domino: Zootiere

Angebot 2 Memory: Zootiere

Angebot 3 Bild-Wort-Zuordnung: Tiere im Zoo

Angebot 4 Bild-Satz-Zuordnung: Im Gorilla-Gehege

Angebot 5 Was ist richtig? Was weißt du über Tiere?

Angebot 6 Lese-Mal-Buch: Mein Affen-Buch

Angebot 7 Lese-Mal-Blatt: Tiere, die auch im Wasser leben

Angebot 8 Lese-Mal-Buch: Reptilien

Angebot 9 Sachtext / Fragen: Asiatischer oder afrikanischer Elefant

Angebot 10 Sachtext / Fragen: Raubkatzen

Angebot 11 Lesen in Rollen: Warum ist das Füttern verboten?

Angebot 12 Würfelspiel: Im Zoo

Angebot 13 Bandwurmtext: Was ist überhaupt ein Trampeltier?

Angebot 14 Bandwurmtext: Sind Nashorn und Flusspferd verwandt?

Zoo

Angebot 1

Silben-Domino: Zootiere

Start Zootiere	Kroko-
fant	Nas-
löwe	Kängu-
bär	Schlan-
fin	Schild-
la	Papa-
se	Leo-

dil	Ele-
horn	See-
ru	Eis-
ge	Del-
kröte	Goril-
gei	Schimpan-
pard	**Ende**

Zoo

Angebot 2
Memory: Zootiere

Strauß		**Pfau**	
Löwe		**Lama**	
Giraffe		**Dromedar**	
Affe		**Krokodil**	
Zebra		**Tiger**	
Panda		**Uhu**	

Zoo

Angebot 3
Bild-Wort-Zuordnung: Tiere im Zoo

Wie heißt es richtig? Kreuze an.

☐ Januar ☐ Jagd ☐ Jaguar	☐ Wolke ☐ Wolf ☐ Wort
☐ Biene ☐ Biber ☐ Bibel	☐ Pinguin ☐ Pinnwand ☐ Pinsel
☐ Flussufer ☐ Flussbett ☐ Flusspferd	☐ Flammen ☐ Flamingo ☐ Flagge
☐ Kamel ☐ Kakadu ☐ Kaktus	☐ Panda ☐ Panne ☐ Panther
☐ Tapete ☐ Tapir ☐ Tante	☐ Waschbär ☐ Waschbrett ☐ Waschlappen

Zoo

Angebot 4

Bild-Satz-Zuordnung: Im Gorilla-Gehege

✎ Finde den passenden Satz zum Bild.

- [ ] Das Junge hält sich an der Mutter fest.
- [ ] Ein Tier schläft in der Reifenschaukel.
- [ ] Die Gorillakinder spielen Fangen.
- [ ] Zum Klettern gibt es Seile, Baumstämme und Äste.
- [ ] Auf dem Boden liegen Kartons und Bälle zum Spielen.
- [ ] Gorillas fressen gerne Möhren, Salat und Bananen.

Zoo

Angebot 5

Was ist richtig? Was weißt du über Tiere?

✏️ Lies und kreuze an.

Der Tiger hat eine Mähne.	richtig	falsch
Ein Strauß kann nicht fliegen.	richtig	falsch
Kängurus tragen ihr Junges im Beutel.	richtig	falsch
Pinguine fressen Gras und Blumen.	richtig	falsch
Viele Elefanten haben Stoßzähne.	richtig	falsch
Ein Nilpferd hat ein Horn auf der Nase.	richtig	falsch
Der Löwe wird „König der Tiere" genannt.	richtig	falsch
Ein Krokodil hat ein weiches Fell.	richtig	falsch
Flamingos stehen oft auf einem Bein.	richtig	falsch
Ein Flusspferd heißt auch Nilpferd.	richtig	falsch
Krokodile legen Eier.	richtig	falsch
Eine Giraffe hat einen kurzen Hals.	richtig	falsch
Zebras haben ein kariertes Fell.	richtig	falsch
Wölfe sind mit den Hunden verwandt.	richtig	falsch
Die Haut des Papageis besteht aus Schuppen.	richtig	falsch

Zoo

Angebot 6

Lese-Mal-Buch: Mein Affen-Buch

✂ Schneide die Seiten aus und hefte sie hintereinander.

Lese-Mal-Buch

Mein Affen-Buch

Name: _____

Klasse: _____

1

Male, was er mag.

Der Schimpanse ist schlau.
Er mag Bananen und Blätter.

2

Male Äste dazu.

Der Orang-Utan ist so groß
und schwer wie ein Mensch.
Er lebt auf Bäumen. Er ist
vom Aussterben bedroht.

3

Male Berge dazu.

Gorillas sind sehr groß
und lieb. Sie leben in den
Bergen. Sie fressen Pflanzen
und Früchte.

4

Zoo

Angebot 7

Lese-Mal-Blatt: Tiere, die auch im Wasser leben

Male um den Eisbären Wasser.

Male dem Pinguin einen Fisch ins Wasser.

Male dem Seelöwen einen Ball auf die Schnauze.

Male der Schildkröte ein Junges hinzu.

Male dem Krokodil viele spitze Zähne.

Male das Nilpferd graubraun an.

Zoo

Angebot 8

Lese-Mal-Buch: Reptilien (1)

✂ Schneide die Seiten aus und hefte sie hintereinander.

Lese-Mal-Buch

Reptilien

Name: _____

Klasse: _____

1

Reptilien erkennt man an ihren Hornschuppen. Sie bedecken den ganzen Körper. Die Schuppen sind unterschiedlich groß und haben verschiedene Formen. Male in den Kasten schöne Schuppen.

2

Krokodil

Krokodile haben kräftige Knochenplatten.
Man nennt sie auch Panzer.
Die Krokoljungen schlüpfen wie andere Reptilien aus Eiern.
Male ein Junges in das Ei.

3

Echse

Echsen leben in warmen Gebieten. Sie müssen in der Sonne liegen, um sich aufzuwärmen. Manche Echsen haben nur ganz kurze oder keine Beine. Male einen Stein und die Sonne dazu.

4

Zoo

Angebot 8
Lese-Mal-Buch: Reptilien (2)

Schildkröte

Die Schildkröten haben einen kräftigen und harten Panzer. Manche leben auf dem Land. Andere können schwimmen und leben im Meer. Male um die Schildkröte Wasser.

Schlange

Schlangen bewegen sich kriechend fort. Wenn die alte Haut zu klein wird, streifen sie diese ab. Das nennt man *häuten*.
Es gibt Schlangen in vielen Größen und Farben.
Male der Schlange ein buntes Muster.

Chamäleon

Das Chamäleon ist eine Echse. Es kann seine Körperfarbe ändern. So schützt es sich vor Feinden oder fängt Beute. Wenn es warm und hell ist, kann sich die Farbe auch ändern.
Male das Chamäleon an.

Echse

Reptilien legen ihre Eier immer an Land ab. Wenn die Jungen aus dem Ei schlüpfen, sehen sie schon aus wie ihre Eltern. Einige Reptilien bringen ihre Jungen lebend zur Welt.
Male dein Lieblingsreptil.

Zoo

Angebot 9
Sachtext / Fragen:
Asiatischer oder afrikanischer Elefant?

Man unterscheidet bei den Elefanten zwei Arten: den asiatischen Elefant und den afrikanischen Elefant.

Der asiatische Elefant wird etwa drei Meter groß und wiegt bis zu sechs Tonnen. Das sind sechs kleine Autos. Er lebt im Urwald. Er ist leicht zu zähmen und hilft dem Menschen bei der Arbeit. Der asiatische Elefant hat einen runden Rücken und kleine Ohren. Seine Haut ist glatt. Er schläft im Liegen. Nur den Männchen wachsen Stoßzähne. Asiatische Elefanten haben einen Rüssel mit einem Greiffinger.

Afrikanische Elefanten leben in der Steppe oder Savanne. Man erkennt sie an ihren großen Ohren und dem Sattelrücken. Sie haben eine flache Stirn. Ihre Haut ist grob und rissig. Die afrikanischen Elefanten werden bis zu vier Meter groß und sieben Tonnen (sieben kleine Autos) schwer. Sie haben einen Rüssel mit zwei Greiffingern. Sie haben Stoßzähne und schlafen im Stehen.

asiatischer Elefant   afrikanischer Elefant

Was ist richtig? Lies und kreuze an.

Frage	asiatisch	afrikanisch
Wer lebt in der Steppe und Savanne?		
Wer schläft im Liegen?		
Wer ist größer und schwerer?		
Wer hat einen Rüssel mit zwei Greiffingern?		
Wer hat kleinere Ohren und einen runden Rücken?		
Wer ist leicht zu zähmen?		
Welche Weibchen haben keine Stoßzähne?		

Zoo

Angebot 10

Sachtext / Fragen: Raubkatzen (1)

Infotext

In vielen Zoos kann man Raubkatzen bewundern.
Sie sind mit unserer Hauskatze verwandt. Bei den Katzen
unterscheidet man Großkatzen und Kleinkatzen.
Der wichtigste Unterschied ist, dass Großkatzen lauter brüllen
können. Zu den Großkatzen gehören: der Löwe, der Tiger,
der Leopard, der Schneeleopard und der Jaguar.

Löwen leben in Afrika. Sie haben ein hellbraunes Fell.
Weil das Männchen eine große Mähne hat, heißt er
„König der Tiere". Löwen schlafen etwa 20 Stunden am Tag.
Sie leben in Familien zusammen.

Der Tiger lebt in Asien. Er ist die größte Raubkatze.
Sein Fell ist gestreift. Der Tiger lebt meistens allein. Er ist ein
Einzelgänger. Tiger können bis zu zehn Meter weit springen.
Sie schwimmen gern. Einige Tiger leben im Schnee.

Leoparden leben in Afrika und Asien. Ihr Fell ist hell mit
schwarzen Flecken. Auch sie sind Einzelgänger. Sie sind sehr
gute Kletterer. Sie jagen sogar auf Bäumen. Der schwarze
Panther ist übrigens ein Leopard mit schwarzem Fell.

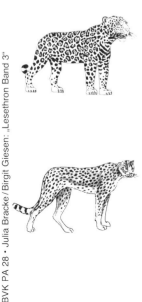

Der Jaguar ist im tropischen Regenwald zu finden. Sein Fell
ist bräunlich mit vielen dunklen Flecken. Es gibt auch
schwarze Jaguare. Jaguare leben in der Nähe von Wasser
und Flüssen. Sie sind sehr gute Schwimmer. Sie jagen ihre
Beute im Wasser, auf dem Boden und auf Bäumen.

Der Gepard gehört eher zu den Kleinkatzen. Er hat einen
kleinen Kopf und lange schlanke Beine. Er ist der schnellste
Läufer und kann eine Geschwindigkeit von 115 Kilometern
in der Stunde erreichen! So schnell fährt man manchmal
auf der Autobahn.

Zoo

Angebot 10
Sachtext / Fragen: Raubkatzen (2)

Hast du den Text aufmerksam gelesen?

Beantworte die Fragen. ✏️ Kreuze an.

- [ ] Bei den Katzen unterscheidet man Raubkatzen und Hauskatzen.
- [ ] Bei den Katzen unterscheidet man Großkatzen und Kleinkatzen.
- [ ] Bei den Katzen unterscheidet man schwarze und braune Katzen.

- [ ] Der Tiger gehört zu den Kleinkatzen.
- [ ] Der Tiger gehört zu den Großkatzen.
- [ ] Der Tiger ist eine Hauskatze.

- [ ] Der Löwe wird auch „König der Tiere" genannt.
- [ ] Der Gepard wird auch „König der Tiere" genannt.
- [ ] Der Tiger wird auch „König der Tiere" genannt.

- [ ] Der Leopard kann besonders schnell laufen.
- [ ] Der Leopard schläft sehr lange.
- [ ] Der Leopard kann besonders gut klettern.

- [ ] Der schnellste Läufer der Tierwelt ist der Gepard.
- [ ] Der schnellste Läufer der Tierwelt ist der Löwe.
- [ ] Der schnellste Läufer der Tierwelt ist der Tiger.

- [ ] Da Jaguare auch im Wasser jagen, sind sie gute Schwimmer.
- [ ] Da Jaguare auf dem Boden jagen, sind sie gute Schwimmer.
- [ ] Da Jaguare auf Bäumen jagen, sind sie gute Schwimmer.

Zoo

Angebot 11

Lesen in Rollen: Warum ist das Füttern verboten? (1)

Verteilt die drei Sprechrollen. Lest den Text gemeinsam laut vor.
Rollen: Tom (kurzer Text), Anna (mehr Text), Tierpfleger (langer Text)

Anna: Schau mal, Tom. Der Tierpfleger ist gerade mit der Fütterung der Pinguine fertig. Lass uns hingehen und ihm ein paar Fragen stellen.

Tom: Prima Idee. Warum steht hier das Schild „Füttern verboten"?

Tierpfleger: Die Besucher sollen den Tieren nichts in das Becken werfen. Das ist nicht gut für die Tiere.

Anna: Aber Sie füttern die Tiere doch auch. Und es hat den Pinguinen doch ganz viel Spaß gemacht, nach den Fischen zu tauchen.

Tierpfleger: Sicher macht es den Tieren Spaß und den Menschen natürlich auch. Aber die Pinguine dürfen nur bestimmte Sachen fressen. Außerdem muss das Essen, wie beim Menschen auch, in Ordnung sein, sonst bekommen die Tiere Probleme und werden krank.

Tom: Aber das Futter kann doch auch in Ordnung sein.

Tierpfleger: Natürlich, aber auch einwandfreies Futter kann für Zootiere schädlich sein. An einem Tag kommen oft Tausende von Besuchern in den Zoo. Stellt euch vor, jeder bringt seinem Liebling etwas zu essen mit. Was glaubt ihr, was passiert?

Anna: Wahrscheinlich sind die Tiere abends ganz schön satt!

Tierpfleger: Genau, und nicht nur das ...

Tom: Sie werden dann sicher zu dick, oder?

Tierpfleger: Richtig! Außerdem fressen die Tiere dann ihr normales Futter nicht mehr. Der Tierpfleger muss häufig Vitamine, Medikamente und andere

Zoo

Angebot 11

Lesen in Rollen: Warum ist das Füttern verboten? (2)

	wichtige Dinge in das Futter mischen. Er könnte nicht unterscheiden, ob die Tiere nicht fressen, weil sie krank oder weil sie satt sind.
Anna:	... oder ob vielleicht ein Tierarzt kommen muss! Aber die Besucher könnten doch auch Fische füttern.
Tierpfleger:	Sicher, aber wir achten beim Füttern auch darauf, ob jedes Tier seinen Anteil am Futter bekommt.
Tom:	Klar, der kleine Pinguin frisst ja weniger als der Große!
Tierpfleger:	Das hast du gut beobachtet! In der freien Wildbahn ist es auch so, dass sich immer der größte und stärkste zuerst satt frisst. Erst dann sind die kleineren und schwachen Tiere an der Reihe.
Anna:	Sie müssen also beim Füttern immer ganz genau aufpassen!
Tierpfleger:	Stimmt! Außerdem stehen Tiere, die von Besuchern gefüttert werden, den ganzen Tag an der Gehegegrenze herum und betteln.
Anna:	Das wäre ja auch für die Besucher langweilig. In der freien Natur müssen sich die Tiere ihr Futter auch selbst suchen.
Tierpfleger:	Ihr habt Recht! Jetzt versteht ihr sicher auch, dass überall Verbotsschilder stehen.
Tom:	Klar! Den Tieren soll es ja schließlich im Zoo gut gehen.
Anna:	Wir können ja morgen den anderen Kindern unserer Klasse erzählen, was wir über das Füttern im Zoo gelernt haben.

Zoo

Angebot 12
Würfelspiel: Im Zoo (1)

Rücke um die gewürfelte Augenzahl vor. Kommst du auf ?, zieht dein Nachbar eine Fragekarte, die du beantworten sollst. Kommst du auf ein 🐾, ziehe eine Ereigniskarte und mache, was dort steht. Die anderen Spieler raten, was du bist.

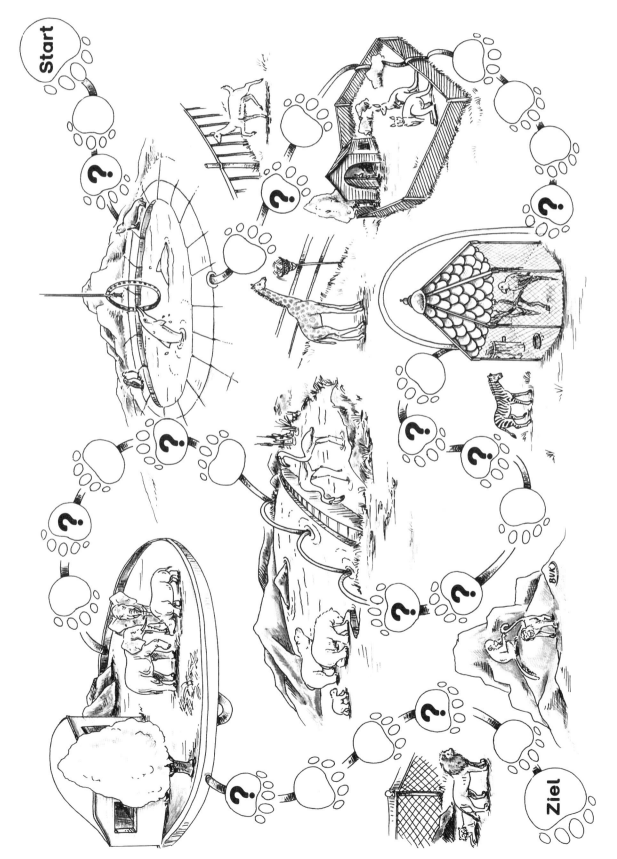

Tipp: Spielplan auf DIN A3 vergrößern (144 %).

Zoo

Angebot 12
Würfelspiel: Im Zoo (2)

Fragekarten

Welches Tier heißt auch „König der Tiere"? **Löwe**	Welches ist die größte Raubkatze? **Tiger**	Gehört das Krokodil zu den Amphibien oder Reptilien? **Reptilien**	Welche Raubkatze ist der schnellste Läufer? **Gepard**
Was ist das Besondere an einem Chamäleon? **Es wechselt die Hautfarbe.**	Welches Tier hat einen langen Rüssel und Stoßzähne? **Elefant**	Welcher Vogel steht meistens auf einem Bein? **Flamingo**	Was essen Schimpansen gerne? **Bananen und Blätter**
Welcher Vogel kann sehr schnell laufen? **Strauß**	Welches Tier trägt sein Junges in einem Beutel? **Känguru**	Welche Tiere haben ein gestreiftes Fell? **Tiger, Zebra**	Was fressen Pinguine? **Fische**
Welches Tier hat einen Panzer? **Schildkröte, Krokodil**	Welches Tier trägt auf seiner Nase ein Horn? **Nashorn**	Nenne ein Raubtier, das ganz schwarz ist. **Jaguar, Panther**	Welches Tier hat eine Mähne? **Löwe**
Welches Tier hat zwei Höcker und lebt in der Wüste? **Trampeltier**	Wer kümmert sich um die Zootiere? **Tierpfleger, Tierarzt**	Welches Tier hat einen langen Hals? **Giraffe**	Ist der Tiger eine Kleinkatze oder Großkatze? **Er ist eine Großkatze.**
Welche Kamelart hat nur einen Höcker? **Dromedar**	Leben Reptilien in einem Aquarium oder Terrarium? **in einem Terrarium**	Ist der Panda ein Affe oder Bär? **Er ist ein Bär.**	Nenne die zwei Elefantenarten. **asiatischer und afrikanischer Elefant**

Zoo

Angebot 12
Würfelspiel: Im Zoo (3)

Fragekarten

Welches Tier lebt im Wasser: Nashorn oder Nilpferd? **Nilpferd**	Welcher Vogel kann nicht fliegen? **Strauß**	Welcher Hund kann tauchen und Fische fangen? **Seehund**	Welches Tier hat ein weißes Fell und lebt im Eis? **Eisbär**
Wie heißen die „Beulen" auf dem Rücken des Trampeltiers? **Höcker**	Wie schützt sich die Schildkröte vor Feinden? **Sie zieht sich in ihren Panzer zurück.**	Welche Tierart ist dem Mensch am ähnlichsten? **Affe**	Welches Raubtier hat ein gestreiftes Fell und lebt im Dschungel? **Tiger**

Ereigniskarten

Bewege dich wie ein Affe.	Brülle wie ein Löwe.	Fauche wie eine Katze.	Hüpfe wie ein Känguru.
Mache einen Elefanten nach.	Mache eine Schlange nach.	Schleiche wie ein Tiger.	Spiele einen Seelöwen nach.
Bewege dich wie ein Pinguin.	Stelle dich hin wie ein Flamingo.	Fliege wie ein Papagei.	Bewege dich wie ein Krokodil.
Heule wie ein Wolf.	Mache eine Giraffe nach.	Mache einen Delfin nach.	Kreische wie ein Affe.

Zoo

Angebot 13

Bandwurmtext: Was ist überhaupt ein Trampeltier?

✎ Finde die Wortgrenzen.

KENNST▮DUEINTRAMPELTIER?WASISTEINDROMEDAR?
BEIDEGEHÖRENZURFAMILIEDERKAMELE.
EINKAMEL,DASZWEIHÖCKERAUFDEMRÜCKENHAT,
NENNTMAN TRAMPELTIER.
HATEINKAMELNUREINENHÖCKER,HEISSTESDROMEDAR.
EINKAMELSPEICHERTINSEINENHÖCKERNFETT.
DESHALBKANNESLANGEOHNEFUTTERUNDWASSER
AUSKOMMEN. FRISSTODERTRINKTEINKAMELLÄNGERE
ZEITNICHTS,WERDENDIEHÖCKERKLEINER.
ESKANNHUNDERTLITERWASSERAUFEINMALTRINKEN.
DASWASSERSPEICHERTESIMMAGEN.
KAMELETRAGENOFTMENSCHENUNDGEPÄCKDURCHDIE
WÜSTE. MANNENNTSIEWÜSTENSCHIFFE.

 ··

Zoo

Angebot 14

Bandwurmtext: Sind Nashorn und Flusspferd verwandt?

✎ Finde die Wortgrenzen.

FLUSSPFERDE▮UNDNASHÖRNERSEHENSICHÄHNLICH!
SIESINDABERNICHTMITEINANDERVERWANDT.
FLUSSPFERDESINDMITDENSCHWEINENVERWANDT.
FLUSSPFERDELEBENINFLÜSSENUNDSEENINAFRIKA.
MANNENNTSIEAUCHNILPFERDE.
SIESINDGUTESCHWIMMERUNDKÖNNENZEHNMINUTEN
UNTERWASSERBLEIBEN.
AUCHDASNASHORNHATEINENUNFÖRMIGENKÖRPER.
AUFDERNASEHATESSPITZEHÖRNER.
ESLEBTINDERSTEPPEINAFRIKA.
SEINEDICKEHAUTSCHÜTZTESVORFEINDEN.
OBWOHLNASHÖRNERSEHRSCHWERSIND,KÖNNENSIE
SCHNELLLAUFEN.

Thema: Ernährung

Inhaltsverzeichnis

Angebot 1 Bild-Wort-Zuordnung: Suchbild: Im Einkaufswagen

Angebot 2 Bild-Wort-Zuordnung: Was gehört zusammen?

Angebot 3 Wortzuordnung: Obst oder Gemüse?

Angebot 4 Lese-Mal-Buch: Ein ganz gesunder Tag

Angebot 5 Rätsel: Schmeckt das?

Angebot 6 Sachtext: Süßigkeiten

Angebot 7 Bild-Satz-Zuordnung: Was in der Nahrung steckt – was der Körper braucht

Angebot 8 Bild-Satz-Zuordnung: So wandert das Essen durch den Bauch

Angebot 9 Sachtext / Fragen: Rund um den Zucker

Angebot 10 Gummisätze: Trinken ist wichtig!

Angebot 11 Bandwurmtext: Vitamine

Angebot 12 Lesen in Rollen: Beim Bäcker

Ernährung

Angebot 1
Bild-Wort-Zuordnung:
Suchbild: Im Einkaufswagen

✎ Kreuze an, was im Einkaufswagen ist.

- [ ] Nudeln
- [ ] Bananen
- [ ] Lutscher
- [ ] Käse
- [ ] Kaktus
- [ ] Turnschuhe
- [ ] Wurst

- [ ] Mütze
- [ ] Äpfel
- [ ] Milch
- [ ] Zahnpasta
- [ ] Seife
- [ ] Buch
- [ ] Tomaten

- [ ] Handtuch
- [ ] Gurke
- [ ] Wolle
- [ ] Salat
- [ ] Eier
- [ ] Wasser
- [ ] Brot

Ernährung

Angebot 2

Bild-Wort-Zuordnung: Was gehört zusammen?

Was gehört zusammen?
Lege die passenden Karten zu einem Viereck zusammen.

Honig

Milch

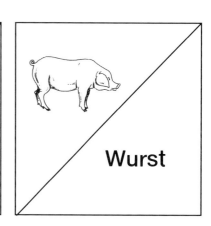
Wurst

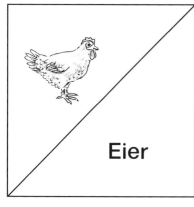
Eier

Fisch-
stäbchen

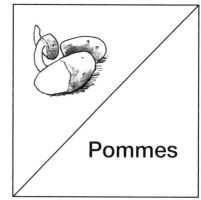
Pommes

Popkorn

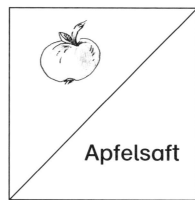
Apfelsaft

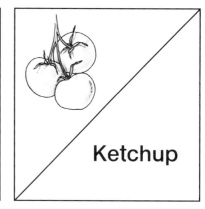
Ketchup

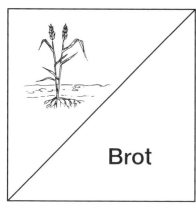
Brot

Kräutertee

Sonnen-
blumenöl

Ernährung

Angebot 3

Wortzuordnung: Obst oder Gemüse? (1)

Lege die Wörter in die richtige Spalte.

Obst	Gemüse

Ernährung Angebot 3

Wortzuordnung: Obst oder Gemüse? (2)

Apfel	Aprikose	Spargel
Birne	Zitrone	Blumenkohl
Kirsche	Melone	Mais
Banane	Pflaume	Möhre
Kiwi	Erdbeere	Tomate
Stachelbeere	Mango	Radieschen
Himbeere	Salat	Rosenkohl
Brombeere	Gurke	Spinat
Ananas	Paprika	Rotkohl
Weintraube	Erbsen	Lauch
Pfirsich	Bohnen	Kohlrabi

Ernährung Angebot 4

Lese-Mal-Buch: Ein ganz gesunder Tag (1)

Schneide die Seiten aus und hefte sie hintereinander.

Lese-Mal-Buch

Ein ganz gesunder Tag

Name: _____

Klasse: _____

1

Male:

Zum Frühstück esse ich eine Scheibe Brot mit Käse und eine Scheibe Brot mit Salami. Dazu trinke ich ein Glas roten Tee.

2

Ernährung

Angebot 4
Lese-Mal-Buch: Ein ganz gesunder Tag (2)

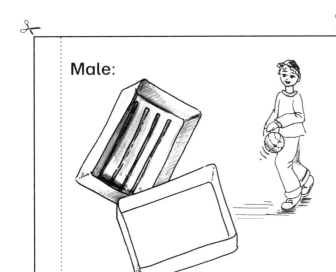

Male:

In der Pause esse ich einen Müsli-Riegel und einen Apfel. Ich trinke Milch. In der Pause spiele ich mit dem Ball.

3

Male:

Zum Mittag gibt es Kartoffeln mit Spinat und Würstchen. Dazu trinke ich ein Glas Mineralwasser.

4

Male:

Am Nachmittag gehe ich zu einer Freundin. Da essen wir einen leckeren Obstsalat. Wir haben ihn selbst gemacht.

5

Male:

Toll! Heute Abend gibt es selbstgemachte Pizza. Dazu trinke ich Apfelschorle. Male auf die Pizza, was du gerne drauf hast.

6

Ernährung

Angebot 5

Rätsel: Schmeckt das?

👓 Lies und ✏️ trage ein.   😊 schmeckt gut
　　　　　　　　　　　　　😞 schmeckt nicht

- Da ist ein Haar in der Suppe!
- Das ist ja total versalzen!
- Eine wahre Gaumenfreude!
- Willst du mich vergiften?
- Das schmeckt nach mehr!
- Da muss ein Meisterkoch am Werk gewesen sein!
- Danke, ich habe mehr als genug!
- Davon kann ich gar nicht genug kriegen!
- Vielen Dank, ich habe keinen Hunger mehr!
- Ein echter Leckerbissen!
- Lange nicht mehr so gut gegessen!
- Mir ist der Appetit vergangen.
- Oh, mein Lieblingsessen!
- So etwas kann man doch nicht essen!

Ernährung

Angebot 6

Sachtext: Süßigkeiten

> Süßigkeiten sind lecker. Aber zu viel Süßes schadet uns.
> Unser Körper verträgt den ganzen Zucker nicht.
> Von Süßigkeiten wird man dick und müde.
> Süßes ist schlecht für die Zähne.
> Immer wenn du Süßes isst,
> sollst du dir danach die Zähne putzen.

✏️ Streiche die Lebensmittel durch, die schlecht für unsere Zähne sind.

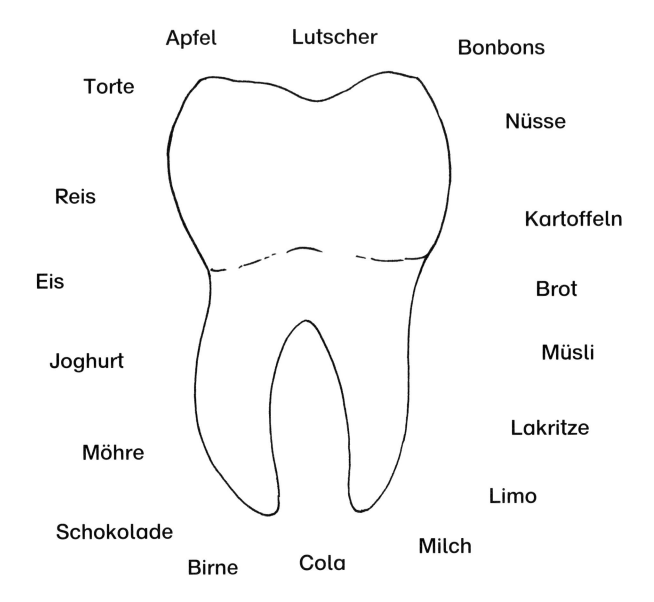

Ernährung

Angebot 7

Bild-Satz-Zuordnung:

Was in der Nahrung steckt – was der Körper braucht

✎ Trage die Nummer in das richtige Bild ein.

1	Eiweiß hilft uns beim Denken. Mit Eiweiß können wir uns gut konzentrieren. Es ist in Fleisch, Fisch und Ei.
2	Kalzium ist gut für unsere Knochen und Zähne. Wir brauchen es zum Wachsen. Es ist in Milch, Joghurt und Käse.
3	Vitamine schützen uns vor Krankheiten. Sie stecken in Obst und Gemüse.
4	Kohlenhydrate sind gut für unsere Muskeln. Davon werden wir stark. Sie sind in Brot, Kartoffeln und Nudeln.

Achtung! Zu viel Zucker und Fett machen krank.

Ernährung

Angebot 8

Bild-Satz-Zuordnung:
So wandert das Essen durch den Bauch

Ordne die Texte dem Bild zu. Verbinde sie mit den passenden Punkten.

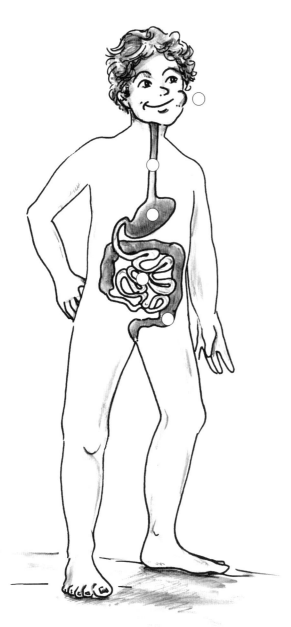

Zuerst wird das Essen im Mund mit den Zähnen gekaut. Der Speichel macht die Nahrung weich.

Wir schlucken das Essen herunter. Es rutscht durch die Speiseröhre.

Das Essen landet im Magen. Der Magen bewegt sich und knetet das Essen ordentlich durch. Es wird zu Brei.

Das Essen landet im Dünndarm. Der ist etwa sechs Meter lang. Hier werden die wichtigen gesunden Stoffe aus der Nahrung geholt.

Die Reste, die der Dünndarm nicht mehr braucht, gelangen in den Dickdarm. Der Dickdarm drückt die Nahrungsreste aus dem Körper in die Toilette.

Damit wir fit sind, müssen wir gesunde Sachen essen: viel Obst und Gemüse, Brot und Kartoffeln, Fleisch und Milchprodukte. Am besten wenig Süßes!

Ernährung

Angebot 9

Sachtext / Fragen: Rund um den Zucker

In vielen Sachen, die du isst, steckt Zucker.
Zu viel Zucker ist aber ungesund. Einige Lebensmittel enthalten „versteckten Zucker". Das sind Lebensmittel, in denen man nicht viel Zucker vermutet. Zum Beispiel: Wusstest du, dass in einer Flasche Ketchup fünfundvierzig Stückchen Zucker sind? Eine Dose Cola enthält zwölf Stücke Zucker, eine Flasche Limo vierzig Stücke Zucker. Früchte in Konservendosen sind sehr stark gezuckert. Ananas in der Dose haben sechzig Stücke Zucker.
Es gibt aber auch Nahrung, die süß schmeckt, aber keinen gewöhnlichen Zucker enthält. Obst zum Beispiel enthält den gesünderen Fruchtzucker.
Wenn du zu viel Zucker isst, kannst du Löcher in den Zähnen, Allergien und Probleme mit der Verdauung bekommen.

👓 Lies und ✏️ kreuze an.

Viel Zucker essen ist
- [ ] gesund.
- [ ] ungesund.

Obst enthält
- [ ] keinen Zucker.
- [ ] Zucker.

In Cola sind
- [ ] zwei Stücke Zucker.
- [ ] zwölf Stücke Zucker.

In Limo sind
- [ ] fünf Stücke Zucker.
- [ ] 40 Stücke Zucker.

In Ketchup ist
- [ ] viel Zucker.
- [ ] kein Zucker.

Zucker ist für die Zähne
- [ ] gut.
- [ ] schlecht.

Was ist gesünder?
- [ ] frisches Obst
- [ ] Obst aus Dosen

Ernährung

Angebot 10

Gummisätze: Trinken ist wichtig!

✏️ Finde die Wortgrenzen.

> Trin ken is twich tig!
> AmTagso llstdu vieltri nken. Essoll temehr alseinLi terWas sersein.
> Etw asFlüs sigkeitis tinun ser emEssen entha lten.
> DenRe stmusst duda zutri nken,näm lichet wafü nfGläser.
> Ambes tensin dgesu ndeSä fte,Teeu nd Miner alwa sser.
> Invi elen Geträ nkenis teine Men geZuck er.
> Be son dersvie lis tin Nek taroder Limon ade.
> Bi szusie benStü ckchenZu ckersin dinei nemGl asLimo.
> Mer kedir: Viel Wa ssertr inken.

Ernährung

Angebot 11

Bandwurmtext: Vitamine

✏️ Finde die Wortgrenzen.

> OBST UNDGEMÜSESINDSEHRGESUND.
>
> INOBSTUNDGEMÜSESINDVIELEVITAMINE.
>
> VITAMINEBRAUCHTDERKÖRPERUMGESUNDZUBLEIBEN.
>
> VITAMINESCHÜTZENVORKRANKHEITEN.
>
> MERKEDIR:WENNDUJEDENTAGOBSTUNDGEMÜSE
>
> ISST,BLEIBSTDUGESUNDUNDFIT.

Ernährung

Angebot 12

Lesen in Rollen: Beim Bäcker (1)

Verteilt die vier Sprecherrollen. 👓 Lest den Text gemeinsam laut vor.
Rollen: Bäcker (viel Text), Mutter (wenig Text),
 Tobias (wenig Text), Tina (wenig Text)

Mutter: Kommt Kinder, wir müssen uns beeilen, sonst schließt der Bäcker gleich sein Geschäft.
Tobias: Ja, ich gehe doch schon schneller.
Ich will noch ein Brötchen zum Abendbrot haben.
Tina: Ich hätte auch gerne etwas frisches Brot zum Abendessen.
Bäcker: Guten Tag, was darf es heute sein?
Mutter: Guten Abend. Die Kinder dürfen sich etwas aussuchen.
Tobias: Ich hätte gerne ein helles Brötchen.
Tina: Ich möchte auch ein helles Brötchen, bitte.
Bäcker: Tut mir Leid, die hellen Brötchen sind schon ausverkauft. Aber ich kann euch noch ein Vollkornbrötchen anbieten. Seht mal, mit leckeren Körnern drauf.
Tobias: Ich glaube, ich mag die hellen aber lieber.
Tina: So ein dunkles Brötchen habe ich noch nie probiert.
Mutter: Was ist denn an den Vollkornbrötchen anders?
Bäcker: Die dunklen Brötchen sind aus vollem Korn und die hellen Brötchen sind aus Weißmehl.
Tina: Ist das nicht egal, welche Farbe so ein Brötchen hat?
Tobias: Was ist denn gesünder für Kinder?
Bäcker: Da muss ich ganz klar sagen, Brötchen aus dunklem Vollkorn sind viel gesünder als die hellen.
Tina: Dann hätte ich natürlich lieber ein dunkles Brötchen.
Tobias: Und ich hätte das gerne noch etwas genauer gewusst.
Mutter: Darüber wüsste ich auch gerne besser Bescheid.
Bäcker: Die Getreidekörner für unser Brot wachsen auf dem Feld beim Bauern. Jedes Getreidekorn besteht aus einem Keim, dem Mehlkörper und einem Mantel. Der Mantel ist wie eine Hülle.

Ernährung

Angebot 12

Lesen in Rollen: Beim Bäcker (2)

Tina: Jedes Körnchen besteht also aus drei Teilen: Mehlkörper, Keim und Mantel.

Tobias: Und was hat das mit der Farbe von Brötchen zu tun?

Bäcker: Der Keim und der Mantel sind das Gesunde am Korn. Wer den Keim und den Mantel isst, bekommt Kraft, kann wachsen und gut lernen. Bei Vollkornbrot und Vollkornbrötchen wird das ganze Korn mit allem Drum und Dran gebacken.

Mutter: Und wie werden Weißbrot und helle Brötchen gebacken?

Bäcker: Das Korn kommt in eine Maschine. Dabei wird den Körnern der Mantel abgezogen und der Keim entfernt. Übrig bleibt der Mehlkörper. Der wird zu weißem Mehl gemahlen.

Tina: Aber du hast doch gesagt, dass der Mantel und der Keim das Gesündeste sind?

Bäcker: Ja, das stimmt.

Tobias: Dann sind ein helles Brötchen und Weißbrot nur aus Weißmehl.

Bäcker: Ja, das ist richtig.

Mutter: Dann sind dunkle Brötchen und dunkle Brote immer gesünder.

Tina: Das ist aber gemein. Da wird dem armen Korn das Mäntelchen und der Keim weggenommen und übrig bleibt das einfache weiße Mehl.

Tobias: Ja. Das einfache weiße Mehl bleibt übrig für helle Brötchen. Ich will für heute Abend kein helles Brötchen mehr. Ich mag lieber ein Vollkornbrötchen.

Tina: Ich mag jetzt auch lieber ein Vollkornbrot als Weißbrot.

Mutter: Wenn das so ist, werde ich jetzt immer darauf achten, das gesündere dunkle Brot zu kaufen.

Bäcker: Das ist eine gute Wahl. Es gibt bei uns Bäckern einen Spruch: Volles Korn gibt volle Kraft!

Thema: Bauernhof

Inhaltsverzeichnis

Angebot 1 Domino: Tiere auf dem Bauernhof

Angebot 2 Bild-Wort-Zuordnung: Tierfamilien

Angebot 3 Bild-Wort-Zuordnung: Suche die Körperteile

Angebot 4 Bild-Satz-Zuordnung: Auf dem Bauernhof

Angebot 5 Bild-Satz-Domino: Der Weg der Milch

Angebot 6 Text-Bild-Zuordnung: Getreidesorten

Angebot 7 Lese-Mal-Buch: Die Kartoffel

Angebot 8 Sachtext / Fragen: Schafe als Nutztiere

Angebot 9 Bild-Text-Zuordnung: Ein Küken schlüpft

Angebot 10 Sachtext / Was ist richtig? Henne oder Hahn?

Angebot 11 Sachtext / Quiz: Bienen

Angebot 12 Sachtext / Was ist richtig? Beim Biobauern Müller

Bauernhof

Angebot 1

Domino: Tiere auf dem Bauernhof

Start Tiere auf dem Bauernhof	Hund

	Schaf

	Ziege

	Huhn

	Kuh

	Pferd

	Gans

	Katze

	Schwein

	Ente

	Kaninchen

	Ende

Bauernhof

Angebot 2
Bild-Wort-Zuordnung: Tierfamilien

Vier Karten gehören zusammen. Lege sie nebeneinander.

(Kuh)	Kuh	Bulle / Stier	Kalb
(Huhn)	Huhn	Hahn	Küken
(Schaf)	Schaf	Schafbock / Widder	Lamm
(Sau)	Sau	Eber	Ferkel
(Stute)	Stute	Hengst	Fohlen
(Hündin)	Hündin	Rüde	Welpe
(Katze)	Katze	Kater	Kätzchen
(Ente)	Ente	Enterich / Erpel	Entenküken

Bauernhof

Angebot 3

Bild-Wort-Zuordnung: Suche die Körperteile

Bauernhof

Angebot 4

Bild-Satz-Zuordnung: Auf dem Bauernhof

✏️ Finde den passenden Satz zum Bild.

☐ Die Hühner picken die Körner auf.

☐ Die Bäuerin geht in den Kuhstall zum Melken.

☐ Der Bauer fährt im Traktor auf das Feld.

☐ Das Pferd schaut aus dem Stall heraus.

☐ Ein voller Anhänger steht auf der Wiese.

☐ Das Mädchen trägt einen Korb mit Eiern.

Bauernhof

Angebot 5

Bild-Satz-Domino: Der Weg der Milch

| **Start** Der Weg der Milch | Erst wenn eine Kuh ein Kalb geboren hat, kann sie Milch geben. |  | Das Euter der Kuh ist mit Milch gefüllt. Das Kalb trinkt daraus. |

| 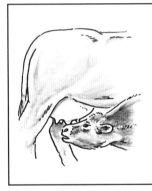 | Wenn das Kalb keine Milch mehr braucht, melkt der Bauer die Kuh einfach weiter. |  | Das macht man heute mit modernen Maschinen. |

| 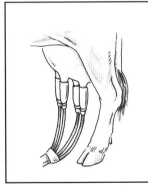 | Alle zwei Tage wird die frische Kuhmilch vom Hof abgeholt. |  | In der Molkerei wird die Milch geprüft, erwärmt und verarbeitet. |

| 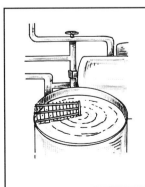 | Im Supermarkt kann man dann Milch, Quark, Joghurt, Butter oder Sahne kaufen. |  | **Ende** |

Bauernhof

Angebot 6
Text-Bild-Zuordnung: Getreidesorten

Ordne die Texte den passenden Bildern zu.

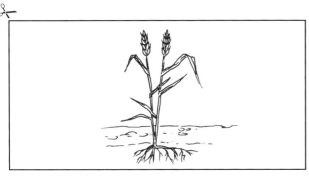

So sieht eine Getreidepflanze aus. Sie hat Wurzeln. An dem langen Halm sind Blätter. Oben am Halm ist die Ähre. Die feinen Härchen an der Ähre nennt man Grannen.

Die Roggenpflanze hat kurze Grannen. Aus dunklem Roggenmehl werden viele Brotsorten gebacken (zum Beispiel Schwarzbrot oder Vollkornbrot).

Weizen ist die wichtigste Getreidesorte. Aus Weizenmehl werden viele Sorten Brot, Brötchen und Kuchen gemacht. Weizen hat keine Grannen.

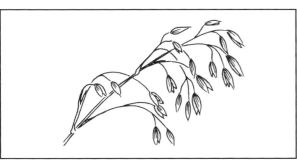

Hafer wächst in Rispen. Anders als Ähren sind die Rispen verzweigt. Du isst Hafer als Haferflocken oder im Müsli. Hafer ist auch ein Viehfutter.

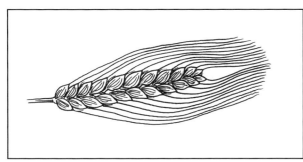

Die Gerste erkennt man an ihren langen Grannen. Aus Gerste wird Malz gewonnen. Das braucht man für Bier und Malzbier. Gerste ist auch ein Viehfutter.

Bauernhof

Angebot 7
Lese-Mal-Buch: Die Kartoffel (1)

✂ Schneide die Seiten aus und hefte sie hintereinander.

Lese-Mal-Buch

Die Kartoffel

Name: _____

Klasse: _____

1

Die Kartoffelpflanze

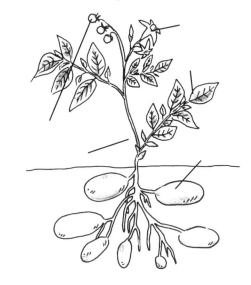

Trage ein:

Stängel – Knolle – Blätter – Blüten – Früchte

2

Mit dem Traktor zieht der Bauer den Pflug über den Acker. Er bereitet den Boden für die Saat vor. Male den Bauern auf den Traktor.

3

Die Saatkartoffeln werden in den Boden gesetzt. Das macht der Bauer heute mit einer Maschine. Male die Kartoffeln in die Furchen und male Erde darüber.

4

Bauernhof

Angebot 7
Lese-Mal-Buch: Die Kartoffel (2)

Der Bauer muss die Kartoffelpflanzen gut pflegen.
Unkraut und Ungeziefer schaden der Kartoffel. Male den Feind – den Kartoffelkäfer – gelb-schwarz an.

5

Im Herbst trocknen die Blätter ab.
Nun werden die Knollen geerntet.
Hierfür hat der Bauer moderne Maschinen.
Male ganz viele Kartoffeln auf den Anhänger.

6

Die Kartoffeln werden sortiert und gewaschen. Die fertigen Kartoffeln werden auf dem Markt oder im Supermarkt verkauft.
Male einen Beutel Kartoffeln.

7

Kartoffelpüree Chips Bonbons Quark Mehl Knödel Schokolade Kroketten Pommes

Aus Kartoffeln werden viele Lebensmittel gemacht.
Weißt du, welche?
Unterstreiche die passenden Wörter braun.

8

Bauernhof

Angebot 8

Sachtext / Fragen: Schafe als Nutztiere

Schafe sind schon viele tausend Jahre Haustiere des Menschen.
Sie geben uns Milch und Fleisch, Leder und Wolle.
Die Milch von Schafen schmeckt süß und ist sehr gesund.
Manche Schafe geben tausend Liter Milch im Jahr.
Schafe müssen regelmäßig geschoren werden.
Im Frühjahr wird das Haarfell (Wolle) mit einer elektrischen
Maschine abgeschnitten.
Ein Schaf wiegt etwa so viel wie ein großer Erwachsener.
Sie fressen Gras und Kräuter. Genauso wie Rinder und Ziegen
sind sie Wiederkäuer. Das bedeutet, dass die Nahrung, nachdem
sie einige Zeit im Magen war, noch einmal gekaut wird.
Besonders gerne mögen Schafe junge Baumpflanzen.
Manche Schäfer ziehen mit ihren Tieren von Weide zu Weide.
Nur ein oder zwei Hunde begleiten sie bei ihrer Arbeit.

✎ Kreuze an.

Ein Schaf ist ein	☐ Haustier. ☐ Zootier. ☐ Kuscheltier.
Im Frühjahr werden die Schafe	☐ gewaschen. ☐ geschoren. ☐ gefüttert.
Schafe gehören zu den	☐ Wiederholern. ☐ Wiederläufern. ☐ Wiederkäuern.
Bei seiner Arbeit helfen dem Schäfer	☐ Schweine. ☐ Hunde. ☐ Wölfe.
Schafe geben uns	☐ Wolle. ☐ Fleisch. ☐ Milch.

Bauernhof

Angebot 9

Bild-Text-Zuordnung: Ein Küken schlüpft

✎ Finde den passenden Text zum Bild.

☐	Bald ist das Küken trocken. Es hat Flaumfedern. Es kann schon sehen, laufen, picken und scharren. Es läuft seiner Mutter nach.
☐	Nach drei Wochen pickt das Küken von innen ein Loch in die Schale. Dafür hat es einen kleinen Zahn auf dem Schnabel. Es pickt viele Stunden.
☐	Endlich bricht die Schale auf. Das Küken ist noch nass und müde. Es kann schon piepen. Es hört die Mutter.
☐	Die Henne sitzt Tag und Nacht auf den Eiern. Sie brütet. Ab und zu dreht sie das Ei. Sie hält das Ei warm. In dem Ei wächst ein Küken.

Bauernhof

Angebot 10

Sachtext / Was ist richtig? Henne oder Hahn?

Hühner gehören zu den Vögeln. Sie haben Flügel und einen Schnabel. Die Henne ist der weibliche Vogel. Sie legt die Eier und brütet diese aus. Dafür muss sie ruhig und geduldig sein und auf den Eiern sitzen bleiben. Nicht jede Henne eignet sich zum Brüten. Eine Henne, die brüten will, erkennt man an den Glucklauten und ihrer Aufregung. Deshalb heißen Kükenmütter auch Glucken. Eine Hühnerglucke kann 12 bis 15 Eier ausbrüten, die sie selbst gelegt hat oder die von anderen Hennen sind. Die Eier liegen in einem Nest, das auf dem Boden gebaut wird.
Der Hahn ist der männliche Vogel. Er hat lange Schwanzfedern und einen großen roten Kamm auf dem Kopf. Er ist größer als die Henne.
Es gibt viele verschiedene Hühnerrassen. Manche Rassen legen weiße Eier, andere die braunen Eier.
Hühner fressen Körner, Schrot und Grünfutter.

Was ist richtig? ➔ Kreuze an.

Hühner gehören zu den Vögeln.	richtig	falsch
Die Henne ist größer als der Hahn.	richtig	falsch
Der Hahn wird auch Glucke genannt.	richtig	falsch
Eine Glucke, die brüten will, gibt laute Töne ab.	richtig	falsch
Die Hühnereier sind im Gras versteckt.	richtig	falsch
Hühner sind Körnerfresser.	richtig	falsch
Eine Glucke brütet immer ein Ei aus.	richtig	falsch
Es gibt weiße und braune Eier.	richtig	falsch

Bauernhof

Angebot 11

Sachtext / Quiz: Bienen (1)

👓 Lest gemeinsam den Infotext genau durch.
Danach stellt ihr euch abwechselnd die Quizfragen.

Infotext

Früher gab es auf vielen Bauernhöfen auch eine Bienenzucht. Denn Bienen sind sehr nützliche Tiere. Nicht nur, weil sie den leckeren Honig machen. Bienenzüchter nennt man Imker.

Bienen wohnen in einem Bienenstock. Dies ist ein Kasten aus Holz, den der Bauer (oder der Imker) für sie gebaut hat. In dem Kasten hängen viele Waben. Das sind Holzrahmen, die aussehen wie leere Bilderrahmen. In diese Waben bauen sich nun die Bienen aus Wachs ihre kleinen Wohnungen. Sie heißen Zellen. In die Zellen stopfen die Bienen ihre Nahrung. Außerdem legt die Bienenkönigin ihre Eier dort ab. In jede Zelle legt sie genau ein Ei. Wenn die jungen Bienen nach drei Wochen geschlüpft sind, haben die älteren Bienen erst einmal verschiedene Aufgaben in dem Bienenstock zu tun. Die Putzbiene säubert die Zellen. Die Futterbiene füttert die frisch geschlüpften Bienen. Die Wächterbiene passt vor dem Bienenstock auf, dass keine Feinde kommen. Die Baubiene baut neue Zellen. Die Sammelbiene verlässt den Bienenstock und fliegt von Blüte zu Blüte, um Blütensaft (= Nektar) und Pollen für alle Bienen zu holen.

Mit ihrem Rüssel saugt sie, wie mit einem Strohhalm, den Blütensaft aus den Blumen. Den Blütensaft vermengen die Bienen in ihrem Magen mit Körpersaft und spucken ihn wieder aus. So wird er zu Honig. Diesen Honig stopfen die Bienen in ihre Zellen. Wenn alle Zellen voll sind, nimmt der Bauer oder Imker den Rahmen (= Wabe) ganz vorsichtig aus dem Bienenstock heraus. Er stellt ihn in eine Maschine. Die Maschine dreht sich ganz schnell und der Honig wird so aus den Zellen geschleudert.

Unter die Maschine stellt er einen Eimer, wo dann der flüssige Honig hineintropft. Die leeren Waben stellt der Imker wieder in den Bienenstock, damit ihn die Bienen wieder mit Honig füllen können. Als Ersatz stellt der Bauer den Bienen Zuckerwasser zum Fressen hin, das mögen sie auch gerne. Aus den leeren Waben kann der Bauer aber auch Bienenwachskerzen machen. Außerdem wird aus dem Bienenwachs auch Creme hergestellt.

Bauernhof

Angebot 11
Sachtext / Quiz: Bienen (2)

Quizfragen

Wer legt die Eier in die Zellen? **Königin**	Wie heißt der Beruf des Bienenzüchters? **Imker**	Wie heißt der große Holzkasten, in dem die Bienen leben? **Bienenstock**	Wie heißen die Rahmen, die im Bienenstock hängen? **Waben**
Wie heißen die kleinen Wohnungen, die sich die Bienen bauen? **Zellen**	Aus welchem Material sind die Zellen gebaut? **Wachs**	Was stopfen die Bienen in ihre Zellen? **Nahrung**	Wie viele Eier legt die Königin in eine Zelle? **ein Ei**
Wie lange dauert es, bis die Bienen schlüpfen? **drei Wochen**	Was muss die Putzbiene tun? **die Zellen säubern**	Was muss die Baubiene tun? **neue Zellen bauen**	Was muss die Wächterbiene tun? **vor dem Bienenstock aufpassen**
Was sammelt die Sammelbiene? **Sie sammelt den Nektar (Blütensaft).**	Womit holt die Biene den Nektar aus den Blüten heraus? **mit dem Rüssel**	Womit vermischt die Biene den Nektar? **mit Körpersaft**	Was macht der Imker mit den vollen Waben? **Er stellt sie in eine Maschine.**
Was passiert, wenn die Waben geschleudert werden? **Der Honig tropft heraus.**	Was macht der Bauer mit den entleerten Waben? **Er stellt sie zurück in den Bienenstock.**	Was bekommen die Bienen vom Bauern zu fressen? **Zuckerwasser**	Was kann man aus den Zellen (Wachs) herstellen? **Kerzen und Creme**

Bauernhof

Angebot 12

Sachtext / Was ist richtig? Beim Biobauern Müller (1)

Infotext

Schon früh am Morgen, wenn der Hahn kräht, steht die Familie Müller auf, denn es gibt viel zu tun auf dem Bauernhof.
Bauer Müller macht seine Runde auf dem Bauernhof. Er macht den Kuhstall auf. Die Kühe trotten nun auf die Weide. Sie fressen den ganzen Tag das saftige, grüne Gras. Sie kauen es sehr gründlich. Kühe sind im Sommer gerne draußen. Im Winter fressen sie Heu.

Im Hühnerstall geht es laut zu. Alle Hühner gackern. Die Hühner von Bauer Müller haben Glück, denn sie leben nicht in einem Käfig.
Im Stall sitzen sie gerne auf einer Stange. Nach draußen auf die Wiese gelangen sie über die Hühnerleiter. Auf der Wiese werden sie gefüttert. Dabei verscheuchen die großen Hühner die kleinen. Das nennt man Hackordnung.

Die Schweine freuen sich schon auf Bauer Müller. Schweine sind schlaue Tiere und spielen gerne. Jedes Schwein hat eine Marke im Ohr. Daran erkennt man das Schwein und weiß, welchem Bauern es gehört. Die Schweine wühlen mit ihrer runden Schnauze in der Erde nach Nahrung. Die Schnauze wird auch Rüssel genannt. Am Futtertrog ist viel los. Die Schweine haben alle Hunger und drängeln sich vor.

Mit dem Traktor fährt Bauer Müller auf das Feld. Der Traktor hat riesige Reifen, damit er auf dem Feld fahren kann. Mit dem Traktor kann der Bauer viele Arbeiten erledigen: Heu stapeln, die Erde umgraben, einen Anhänger ziehen, das Feld düngen, Samen säen.

Auf dem Biohof werden nicht nur Tiere gehalten, sondern es werden auch Obst und Gemüse angebaut: Kartoffeln, Getreide, Äpfel, Birnen, Rüben, Möhren, Gurken, Mais, Kohlrabi, Salat und vieles mehr. Bei jeder Jahreszeit und bei jedem Wetter muss der Bauer auf das Feld.
Wenn das Gemüse und Obst reif sind, beeilt sich der Bauer. Er pflückt das frische Obst und sammelt das Gemüse ein. Das nennt man ernten.
Die Ernte verkauft Bauer Müller auf dem Wochenmarkt.

Bauernhof

Angebot 12

Sachtext / Was ist richtig? Beim Biobauern Müller (2)

Was ist richtig? Kreuze an.

Der Bauer Müller steht auf, wenn er ausgeschlafen hat.	ja	nein
Der Bauernhof von Bauer Müller ist ein Bio-Bauernhof.	ja	nein
Die Kühe bleiben im Winter im Stall stehen.	ja	nein
Im Winter fressen Kühe grünes, saftiges Gras.	ja	nein
Die Hühner sitzen gerne auf der Hühnerstange.	ja	nein
Hackordnung heißt: Große Hühner vertreiben kleine.	ja	nein
Die Hühner des Bauern Müller leben in Käfigen.	ja	nein
Über die Hühnerleiter gelangen die Hühner ins Freie.	ja	nein
Die Schnauze eines Schweins nennt man auch Maul.	ja	nein
Damit man die Schweine erkennt, tragen sie ein Halsband.	ja	nein
Schweine schlafen den ganzen Tag.	ja	nein
Ein Traktor hat besonders große Reifen.	ja	nein
Mit dem Traktor fährt der Bauer in den Urlaub.	ja	nein
Der Bauer bearbeitet mit seinem Traktor die Felder.	ja	nein
Bauer Müller erntet Kartoffeln, Mais und Reis.	ja	nein
Der Bauer pflückt die Äpfel und Birnen, wenn sie reif sind.	ja	nein
Bauer Müller verkauft seine Ernte an einen Supermarkt.	ja	nein
Warst du schon einmal auf einem Bauernhof?	ja	nein

Thema: Körper

Inhaltsverzeichnis

Angebot 1   Bild-Wort-Zuordnung: Körperteile

Angebot 2   Silben-Domino: Körperstellen

Angebot 3   Würfelspiel: Geschickte Hände

Angebot 4   Bild-Satz-Domino: So pflege ich meinen Körper

Angebot 5   Lese-Mal-Buch: Meine Sinne

Angebot 6   Augen-Spiel

Angebot 7   Bild-Text-Zuordnung: Wenn ich krank bin

Angebot 8   Sinnesgeschichte

Angebot 9   Lesen in Rollen: Beim Ohrenarzt

Angebot 10 Sachtext / Fragen: Das Blut

Angebot 11 Bandwurmtext: Unsere Zähne

Angebot 12 Bandwurmtext: Beim Zahnarzt

Körper

Angebot 1
Bild-Wort-Zuordnung: Körperteile

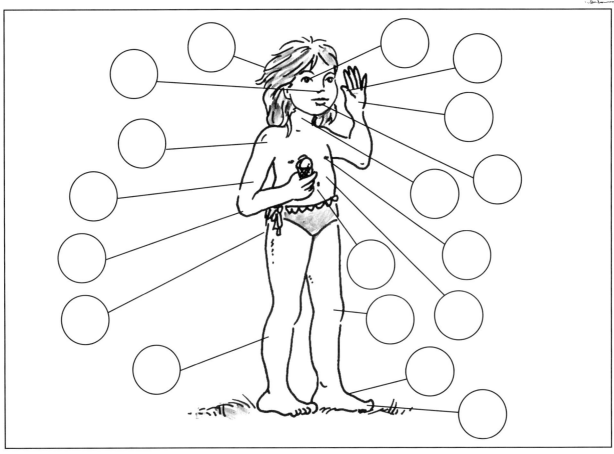

✏️ Trage ein:

Nase	1
Schulter	2
Daumen	3
Hals	4
Zeh	5
Ellenbogen	6
Haare	7
Knie	8
Fuß	9

Bein	10
Hand	11
Arm	12
Po	13
Auge	14
Mund	15
Bauchnabel	16
Bauch	17
Brustwarze	18

Körper

Angebot 2
Silben-Domino: Körperstellen

Start Körperstellen	Augen-	braue	Kopf-
haut	Schien-	bein	Ohr-
läppchen	Ober-	schenkel	Finger-
nagel	Ellen-	bogen	Fuß-
sohle	Zahn-	fleisch	Nasen-
bein	Bauch-	nabel	Po-
backe	Unter-	arm	**Ende**

Körper

Angebot 3

Würfelspiel: Geschickte Hände

Würfle mit zwei Würfeln. Rechne die Plusaufgabe ([2] + [4] = 6).
Was müssen deine Hände tun?

2	Schnipse 3-mal mit den Fingern.
3	Falte deine Hände zusammen und zähle bis 6.
4	Strecke den rechten Zeigefinger hoch.
5	Forme mit deinen beiden Händen ein Herz.
6	Balle beide Hände 5-mal zur Faust.
7	Beide Mittelfinger tippen sich 4-mal an.
8	Klatsche 10-mal in die Hände.
9	Schneide mit den Fingern wie mit einer Schere.
10	Spiele Klavier mit deinen Händen.
11	Halte beide Daumen hoch.
12	Spreize den kleinen Finger ab.

Körper

Angebot 4
Bild-Satz-Domino: So pflege ich meinen Körper

Start So pflege ich meinen Körper.	Die Haare kämme ich mit dem Kamm oder der Bürste.
	Mehrmals am Tag putze ich mir die Zähne.
	Ich reinige mich von Kopf bis Fuß in der Dusche oder in der Badewanne.
	Ich pflege mein Gesicht und den Körper mit einer Creme.
	Regelmäßig schneide ich mir die Fingernägel und die Fußnägel.
	Ich wasche mir öfter am Tag die Hände.
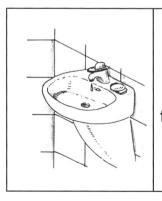	Nach dem Duschen trockne ich mich gründlich ab.
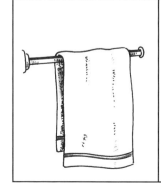	**Ende**

Körper

Angebot 5

Lese-Mal-Buch: Meine Sinne (1)

✂ Schneide die Seiten aus und hefte sie hintereinander.

Lese-Mal-Buch

Meine Sinne

Name: _____

Klasse: _____

1

Male in die Lücken:

Mit den _____ kann ich sehen.

Mit der _____ kann ich riechen.

Mit den _____ kann ich fühlen.

Mit den _____ kann ich hören.

Mit der _____ kann ich schmecken.

2

Die Augen

Jeder Mensch hat andere Augen.
Sie haben eine andere Farbe.
Male die Augen fertig. Male deine Augenfarbe hinein. Male Wimpern und Augenbrauen dazu.

3

Die Nase

Müll Saft Wurst
Essig Luft
Kuchen Seife
Blume Rauch
Käse Glas
Brot Wasser

Male die Nase aus. Male alle Wörter gelb an, die gut riechen. Male alle Wörter rot an, die nicht gut riechen. Male alle Wörter blau an, die du nicht riechen kannst.

4

Körper

Angebot 5
Lese-Mal-Buch: Meine Sinne (2)

Die Ohren

Höre und überlege. Male: das Tier, das miaut. Das Tier, das kräht. Das Tier, das bellt. Das Tier, das wiehert. Das Tier, das summt.

5

Die Hände

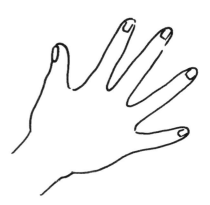

Male den Daumennagel rot. Male an den kleinen Finger eine Schleife. Male an den Ringfinger einen Ring. Male an den Zeigefinger ein Pflaster. Male an den Mittelfinger einen Punkt.

6

Die Zunge

Eis   Marmelade
   Suppe
Tee
   Zitrone
Wasser
   Lolli
Honig
   Salzstange   Lakritze

Mit der Zunge kannst du schmecken. Male die Zunge rosa aus. Male alle heißen Dinge rot an. Male alle kalten Dinge blau an. Male alle süßen Sachen gelb an. Kreise alle sauren und salzigen Sachen grün ein.

7

Mein Obstkopf

Male einen lustigen Obstkopf. Die Augen sind Erdbeeren. Die Nase ist eine Birne. Der Mund ist eine Banane. An den Ohren hängen Kirschen. Die Haare sind aus Weintrauben.

8

Körper

Angebot 6
Augen-Spiel (1)

Rücke um die gewürfelte Augenzahl vor.
Kommst du auf dieses Feld 👁, ziehe eine Karte. Lies sie laut vor und folge den Anweisungen. Wer zuerst im Ziel ist, hat gewonnen.

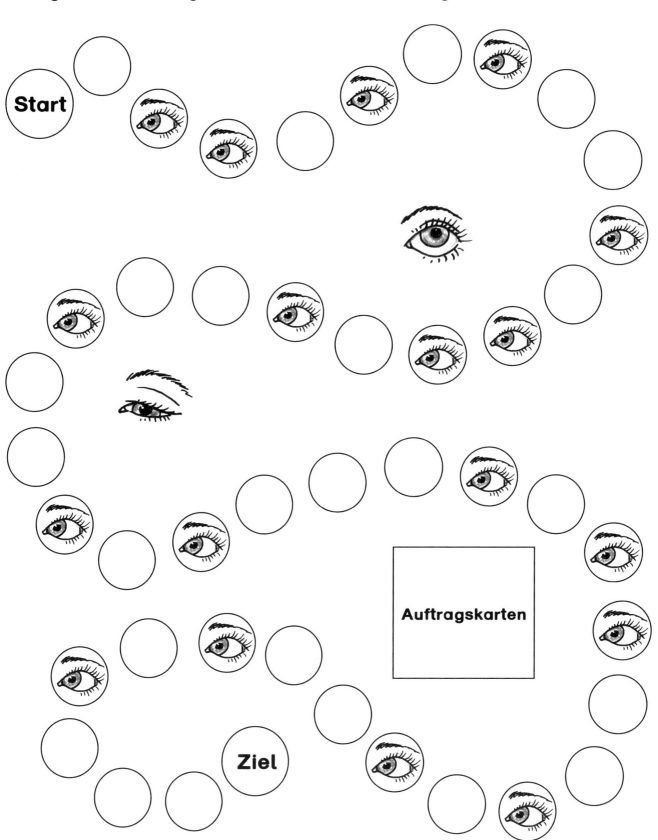

Körper

Angebot 6
Augen-Spiel (2)

Auftragskarten

Du hast vergessen, die Sonnenbrille aufzusetzen. Setze einmal aus!	Wenn du braune Augen hast, gehe 1 Feld vor. Hast du grüne Augen, gehe auch 1 Feld vor.	Rechne: Wie viele Augen hat deine Familie zusammen?	Siehst du bei einem Kind Sommersprossen im Gesicht? Dann dürfen alle 1 Feld vor.
Wie heißen die Härchen an deinem Auge? Weißt du es, gehe 1 Feld vor.	Welche Tiere können besonders gut sehen? Nenne so viele du kannst.	Kannst du mit den Augen schielen? Das ist nicht gut. Gehe 1 Feld zurück.	Kannst du reimen? Reime Wörter auf „sehen". Für jedes Wort darfst du 1 Feld vor.
Zwinkere den anderen Kindern zu.	Trägst du eine Brille, dann darfst du 2 Felder vor.	Ich sehe was, was du nicht siehst, und das ist blau. Nenne 3 Dinge.	Schließe die Augen und zähle langsam bis 10.
Ich sehe was, was du nicht siehst, und das ist gelb. Nenne 4 Dinge.	Wie heißt das Wort, wenn man nichts mehr sehen kann? Weißt du es, rücke 1 Feld vor.	Nenne 3 Dinge, die im Dunkeln hell leuchten können.	Du bist müde und dir fallen schon die Augen zu. Gehe 1 Feld zurück.
Du siehst zu viel fern. Das ist nicht gut für die Augen. Setze einmal aus.	Wie heißt der Arzt, zu dem du gehst, wenn du etwas an deinen Augen hast?	Ich sehe was, was du nicht siehst, und das ist rot. Nenne 3 Dinge.	Weißt du, was eine Lesehilfe ist? Wenn du eine nennen kannst, rücke 1 Feld vor.
Wie viele verschiedene Augenfarben gibt es?	Du hast gesehen, dass jemand Hilfe braucht. Gehe 2 Felder vor.	Wie viele Fenster siehst du in dem Raum, in dem du bist?	Welche Tiere können blinden Menschen gut helfen?

Körper

Angebot 7
Bild-Text-Zuordnung: Wenn ich krank bin

Ordne die Texte den passenden Bildern zu.

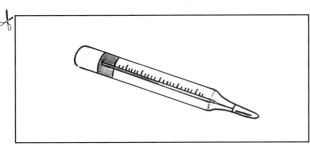

Mir geht es nicht gut. Mein Kopf ist heiß und rot. Ich friere und zittere. Mir tut der ganze Körper weh. Ich lege mich hin. Mama misst schnell Fieber.

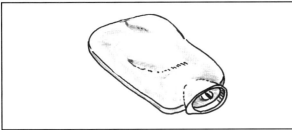

Ich liege im Bett. Ich habe Bauchschmerzen. Vielleicht habe ich etwas Falsches gegessen? Mama legt mir etwas Warmes auf den Bauch.

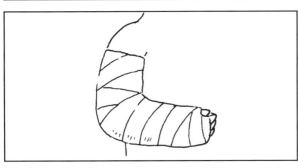

Beim Spielen habe ich mir wehgetan. Die Schmerzen sind immer stärker geworden. Wir sind in ein Krankenhaus gefahren. Der Arzt hat gesagt, dass mein Arm gebrochen ist.

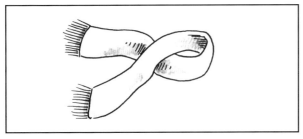

Gestern Abend ging es los. Ich konnte nicht mehr richtig sprechen. Das Schlucken tat mir auch weh. Heute habe ich keine Stimme mehr. Ich bin heiser. Die warme Wolle schützt meinen Hals.

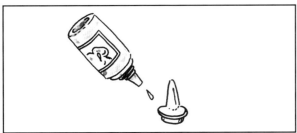

Es sind ganz schlimme Schmerzen. Außerdem höre ich fast nichts mehr. Der Arzt hat mir Medizin verschrieben. Mama tut mir davon etwas ins Ohr. Schnell wird es besser.

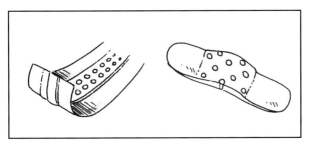

Ich bin beim Ballspielen ausgerutscht. Dann fiel ich auf das Knie. Die Haut ist abgeschürft und das Knie hat geblutet. Schnell hat mir Mama etwas über die Wunde geklebt.

Körper

Angebot 8
Sinnesgeschichte

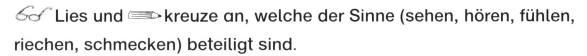

👓 Lies und ✏️ kreuze an, welche der Sinne (sehen, hören, fühlen, riechen, schmecken) beteiligt sind.

Satz	👁	👂	✋	👃	👅
Lisa und Max treffen sich in der Stadt.					
Zur Begrüßung geben sie sich auch die Hand.					
Plötzlich hören sie die Feuerwehr von weitem.					
Tatsächlich! Rauch steigt aus einem Haus empor.					
Vor Schreck rennen sie ganz schnell weg.					
Vor der Bäckerei bleiben sie stehen.					
Lecker, toller Kuchen – und wie gut er riecht.					
Max greift in seine Hosentasche und sucht sein Geld.					
Da fällt ihm ein Eurostück auf den Boden.					
Lisa hebt es auf und gibt es ihm zurück.					
Die beiden hüpfen in die Bäckerei und warten.					
Sie bestellen zwei Erdbeertörtchen.					
Sie nehmen draußen auf einer Bank Platz und essen.					
„Das war aber lecker", sagt Lisa.					
„Davon könnte ich noch eins vertragen", meint Max.					
Max und Lisa gehen zum großen Spielplatz.					
Dort schaukeln, rutschen und wippen Kinder.					
Lisa und Max klettern auf dem Klettergerüst.					
Lisa schaut auf die Uhr: „Wir müssen nach Hause!"					
Max bringt Lisa zum Garten. Ihre Eltern grillen.					
„Möchtest du auch ein Würstchen?", fragt Vater.					
Max nimmt das Angebot an, er liebt Würstchen.					

Körper

Angebot 9

Lesen in Rollen: Beim Ohrenarzt (1)

Verteilt die vier Sprechrollen. Lest den Text gemeinsam laut vor.
Rollen: Tim (kurze Texte), Erzähler (mehr Text),
Mutter (mehr Text), Ohrenarzt (viel Text)

Erzähler:	Tim wacht morgens auf. Es geht ihm gar nicht gut.
Tim:	Mama, Mama, ich habe solche Ohrenschmerzen.
Erzähler:	Die Mutter nimmt Tim in den Arm und tröstet ihn.
Mutter:	Das ist nicht schön. Seit wann hast du denn die Schmerzen?
Tim:	Seit heute Morgen.
Mutter:	Ich glaube, es ist besser, wenn wir zum Doktor fahren. Mit Ohrenschmerzen soll man nicht spaßen. Zieh' dir schnell die Jacke an, dann fahren wir los.
Erzähler:	Die beiden fahren in die Stadt zu Doktor Nolte. Sie nehmen im Wartezimmer Platz.
Tim:	Dauert es noch lange?
Mutter:	Nein, mein Schatz, du bist gleich an der Reihe.
Erzähler:	Tim wird aufgerufen. Die Mutter geht mit. Tim setzt sich in einen großen Stuhl. Er ist aufgeregt. Er war noch nie beim Ohrenarzt. Endlich kommt Doktor Nolte.
Doktor Nolte:	Guten Morgen, Tim. Ich habe gehört, dass du Ohrenschmerzen hast.
Tim:	Ja, sehr sogar.
Doktor Nolte:	Ich werde dir helfen. Dafür muss ich mal in deine Ohren schauen. Du brauchst keine Angst zu haben, das tut nicht weh. Dreh' bitte deinen Kopf zur Seite, dann kann ich besser schauen.
Erzähler:	Doktor Nolte schiebt eine Lampe genau über Tims Ohr, damit er besser sehen kann.

Körper

Angebot 9

Lesen in Rollen: Beim Ohrenarzt (2)

Mutter:	Komm Tim, gib mir deine Hand, ich halte sie.
Doktor Nolte:	Tim, ich nehme jetzt ein kleines Rohr und stecke es in dein Ohr. Vorsichtig, es ist etwas kalt, erschrecke dich nicht. Damit kann ich tief in dein Ohr sehen und schauen, ob es entzündet ist.
Tim:	Ja, ich spüre es, aber es tut nicht weh.
Doktor Nolte:	Tim, ich sehe, dass dein Ohr von innen geschwollen ist. Deshalb hast du solche Schmerzen. Es ist eine Entzündung. Sie heißt Mittelohr-Entzündung. Ich schreibe dir dafür ein Medikament auf.
Mutter:	Hörst du, Tim, es war gut, dass wir zum Arzt gegangen sind.
Erzähler:	Doktor Nolte erklärt genau, wie Tim seine Medizin nehmen soll. Dann verabschieden sie sich. Doktor Nolte hat noch viel zu tun.
Tim:	Mama, der Doktor Nolte war sehr nett.
Mutter:	Ja, das stimmt. Nun fahren wir schnell nach Hause. Da kannst du dich ein bisschen hinlegen und ausruhen. Du brauchst heute nicht in die Schule zu gehen.
Erzähler:	Tim legt sich schlafen. Mutter achtet darauf, dass Tim seine Tropfen nimmt. Bald wird es Tim besser gehen. Dann kann er wieder in die Schule gehen und mit den anderen Kindern spielen.

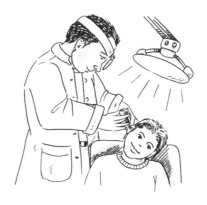

Körper

Angebot 10
Sachtext / Fragen: Das Blut (1)

Infotext

Unser Blut ist ein ganz besonderer roter Saft. Er ist für uns Menschen lebenswichtig. Blut ist wie Benzin. Ohne diesen Treibstoff fährt kein Auto. Unser Körper funktioniert auch nur mit Blut. Das Blut transportiert nämlich Sauerstoff und Nahrung durch unseren Körper. Von dem Ohrläppchen hin bis in den großen Zeh.

Das Blut fließt in unserem Körper durch dünne Röhren.
Diese Röhren heißen Adern. Damit sie nicht brechen, sind sie elastisch wie Gummischläuche. Du kannst sie gut an deinen Händen sehen.
Sie schimmern grün-blau und liegen unter der Haut.

Das Blut wird wie von einem Motor durch unseren Körper gepumpt.
Der Motor ist unser Herz. Es läuft rund um die Uhr. Nie darf das Herz eine Pause machen. Wenn das Herz nicht mehr arbeiten würde, müssten wir sterben. Wenn wir die Hand auf unsere linke Brust halten, spüren wir, wie das Herz arbeitet, es pumpt. Man sagt, das Herz „schlägt".
Ein Herz ist etwa faustgroß.

Wir Menschen haben ziemlich viel Blut in unserem Körper. Ein Baby hat schon einen Liter Blut in sich. Das ist so viel Flüssigkeit wie in einer Milchpackung. Kinder haben fast vier Liter Blut in sich. Diese Menge würde in vier Milchtüten hineinpassen. Erwachsene haben sogar fünf bis sechs Liter Blut in sich.
Wenn man bei einem Unfall Blut verliert, kann das lebensgefährlich werden.
Nicht bei einer kleinen Wunde, aber sobald man ein Drittel seines Blutes verliert.
Dann bekommt man fremdes Blut von einem Blutspender in die Adern geleitet.

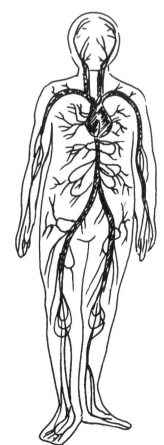

Körper

Angebot 10
Sachtext / Fragen: Das Blut (2)

Hast du den Text aufmerksam gelesen?

Beantworte die Fragen. ✏ Kreuze an.

- [ ] Das Blut ist ein blauer Saft.
- [ ] Das Blut ist für uns lebenswichtig.
- [ ] Das Blut ist wie ein Motor.

- [ ] Das Blut versorgt unseren Körper mit Sauerstoff.
- [ ] Das Blut versorgt unseren Körper mit Nahrung.
- [ ] Das Blut fließt nur durch unser Herz.

- [ ] Das Blut schimmert unter der Haut rot.
- [ ] Das Blut fließt durch Adern.
- [ ] Die Adern sind fest und hart, damit sie nicht reißen.

- [ ] Unser Herz pumpt ohne Pause Blut durch den Körper.
- [ ] Das Herz ist im Körper auf der rechten Brustseite.
- [ ] Wenn das Herz nicht mehr schlägt, schlafen wir.

- [ ] Nicht alle Menschen haben Blut.
- [ ] Kinder haben so viel Blut in sich wie in sechs Milchtüten passt.
- [ ] Wenn man viel Blut verliert, kann man sterben.

- [ ] Wenn das Herz arbeitet, sagt man: Es „rennt".
- [ ] Wenn das Herz arbeitet, sagt man: Es „pumpt".
- [ ] Wenn das Herz arbeitet, sagt man: Es „schlägt".

- [ ] Jeder Körper hat zwei Herzen.
- [ ] Das Herz ist wie ein Motor.
- [ ] Ein Herz ist etwa so groß wie ein Fußball.

Körper

Angebot 11
Bandwurmtext: Unsere Zähne

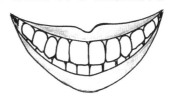

✎ Finde die Wortgrenzen.

UNSERE▎ZÄHNE
WENNWIRGEBORENWERDEN,HABENWIRNOCHKEINEZÄHNE
IMMUND.
SIEKOMMENERSTNACHEINEMHALBENJAHR.
DIEERSTENZÄHNEHEIßENMILCHZÄHNE. ESSIND20STÜCK.
OBEN10UNDUNTEN10. DIEMILCHZÄHNEFALLENWIEDERAUS.
DANNKOMMENDIEBLEIBENDENZÄHNE.
SIEHEIßENSCHNEIDEZÄHNE,ECKZÄHNEUNDBACKENZÄHNE.
ESKÖNNENBISZU32ZÄHNEWERDEN.
ZÄHNEMÜSSENREGELMÄßIGGEPUTZTWERDEN,SONSTWERDEN
SIEKRANKUNDDUBEKOMMSTZAHNSCHMERZEN.

Körper

Angebot 12
Bandwurmtext: Beim Zahnarzt

✎ Finde die Wortgrenzen.

BEIM▎ZAHNARZT
DUMUSSTREGELMÄßIGDEINEZÄHNEPUTZEN,SONSTWERDEN
SIEKRANK.
SÜßIGKEITENSINDSEHRSCHÄDLICHFÜRDIEZÄHNE.
ESBILDETSICHEINESÄURE,DIEHEIßTKARIES. KARIESFRISST
LÖCHERINDIEZÄHNE. DANNMUSSTDUSCHNELLZUMZAHNARZT.
NURERKANNDIRHELFEN. ERBEHANDELTDENKRANKENZAHN.
DUMUSSTKEINEANGSTHABEN. MEISTENSTUTESNICHTWEHUND
DIEZAHNSCHMERZENHÖRENAUF.
MERKEDIR:TAUSCHEDEINEZAHNBÜRSTEALLE10WOCHEN.
GEHEZWEIMALIMJAHRZURKONTROLLEZUMZAHNARZT.

Thema: Zeit

Inhaltsverzeichnis

Angebot 1   Domino: Uhren

Angebot 2   Bild-Text-Zuordnung: Tage, die wir feiern

Angebot 3   Was ist richtig? Wie vergeht die Zeit?

Angebot 4   Bild-Satz-Zuordnung: Mein Tagesablauf

Angebot 5   Lese-Mal-Buch: Das Jahr beginnt im Januar

Angebot 6   Bild-Text-Zuordnung: Die Jahreszeiten

Angebot 7   Bild-Text-Zuordnung: Kennst du die Uhren?

Angebot 8   Zeit-Spiel

Angebot 9   Lesen in Rollen: Wie war es eigentlich früher?

Angebot 10 Sachtext: Ist das richtig?

Warum wird es eigentlich Tag und Nacht?

Angebot 11 Sachtext / Fragen: Das Alter von Bäumen erkennen

Zeit

Angebot 1
Domino: Uhren

Start Uhren	Wecker	[Wecker image]	Stoppuhr
[Stoppuhr image]	Sanduhr	[Sanduhr image]	Bahnhofsuhr
[Bahnhofsuhr image]	Sonnenuhr	[Sonnenuhr image]	Armbanduhr
[Armbanduhr image]	Turmuhr	[Turmuhr image]	Wasseruhr
[Wasseruhr image]	Digitaluhr	[Digitaluhr image]	Pendeluhr
[Pendeluhr image]	Standuhr	[Standuhr image]	Ende

Zeit

Angebot 2

Bild-Text-Zuordnung: Tage, die wir feiern

	**Heilige Drei Könige**	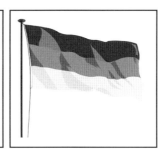	**Tag der Deutschen Einheit**
	**Karneval / Fastnacht**		**Sankt Martin**
	**Karfreitag**		**Nikolaus**
	**Ostern**		**Advent**
	**Muttertag**		**Weihnachten**
	**Erntedank**		**Silvester / Neujahr**

Zeit

Angebot 3
Was ist richtig? Wie vergeht die Zeit?

Was stimmt? Kreuze an.

Die Zeit vergeht ... schnell langsam

schnell	langsam	
☐	☐	... wenn ich Zähne putze.
☐	☐	... wenn ich ins Wasser springe.
☐	☐	... wenn Schulferien sind.
☐	☐	... wenn ich auf Weihnachten warte.
☐	☐	... wenn ich ein ganzes Heft vollschreibe.
☐	☐	... wenn ich die Treppe hinunterflitze.
☐	☐	... wenn ich eine lange Reise mache.
☐	☐	... wenn mir ein Teller hinunterfällt.
☐	☐	... wenn ich ein dickes Buch lese.
☐	☐	... wenn ich lange krank bin.
☐	☐	... wenn ich ein Glas Wasser trinke.
☐	☐	... wenn ich in die Hände klatsche.
☐	☐	... wenn ich schlafe.
☐	☐	... wenn ich zur Schule gehe.

Zeit

Angebot 4
Bild-Satz-Zuordnung: Mein Tagesablauf

✎ Finde den passenden Satz zum Bild.

	Vormittags gehe ich in die Schule und lerne.
	Nach dem Frühstück putze ich mir die Zähne.
	Ich lese noch in einem Buch, bevor ich schlafe.
	Nachmittags gehe ich zum Flötenunterricht oder zum Fußball.
	Wenn der Wecker schellt, stehe ich auf und ziehe mich an.
	Nach dem Mittagessen mache ich eine Pause und spiele.
	Beim Abendessen sitzen wir mit der Familie zusammen.
	Zum Frühstück esse ich ein Brot und trinke ein Glas Milch.
	Als Hausaufgaben habe ich Rechnen und Schreiben auf.
	Nach der Schule gibt es ein leckeres Mittagessen.

Zeit

Angebot 5

Lese-Mal-Buch: Das Jahr beginnt im Januar (1)

 Schneide die Seiten aus und hefte sie hintereinander.

Lese-Mal-Buch

Das Jahr beginnt im Januar

Name: _____

Klasse: _____

Male den Schneemann so aus, wie er dir gefallen würde. Aus den Wolken fällt viel Schnee.

1

Februar

Im Februar feiern wir Karneval. Viele Leute verkleiden sich. Male dich im Kostüm.

2

März

Die ersten Blumen blühen.
Male eine Tulpe.
Die Blüte ist rot.
Male Gras dazu.

3

April

Im April macht das Wetter, was es will. Male den Regenbogen aus. Male vier bunte Regenschirme hinzu.

4

Zeit

Angebot 5

Lese-Mal-Buch: Das Jahr beginnt im Januar (2)

Mai

Auf der Wiese ist viel los. Zwei Marienkäfer sitzen auf dem Blatt. Beide haben fünf schwarze Punkte.

5

Juni

Es wird Sommer. In den Wellen springt ein Delfin. Er ist grau. Male die Wellen blau an.

6

Juli

Der Strandkorb hat rote Streifen. Male einen Sonnenschirm dazu. Im Sand liegen Muscheln.

7

August

Ein neues Schuljahr fängt an. Viele Kinder kommen in die Schule.
Male die Schultüte bunt an. Male einen Schulranzen dazu.

8

Zeit

Angebot 5
Lese-Mal-Buch: Das Jahr beginnt im Januar (3)

September

Male einen Wurm in den Apfel. Male der Birne ein Blatt. Male noch eine Pflaume dazu. Male alle Früchte aus.

9

Oktober

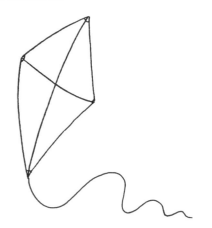

Im Herbst lassen wir Drachen steigen. Male dem Drachen Schleifen an den Schwanz. Male ihm ein Gesicht.

10

November

Im November feiern wir Sankt Martin. Male auf die Laterne ein Gespenst. Male Mond und Sterne in den Himmel.

11

Dezember

Wir warten auf Weihnachten. Male den Kranz grün an. Male die Kugeln blau an. Drei rote Kerzen brennen schon.

12

Zeit

Angebot 6

Bild-Text-Zuordnung: Die Jahreszeiten

✏️ Finde den passenden Text zum Bild.

| | Es wird kalt.
Manchmal schneit es.
Dann spiele ich im Schnee. Es ist Winter. |

| | Es ist schön warm.
Alles blüht und ist grün.
Ich spiele oft draußen. Es ist Sommer. |

| | Es wird früher hell.
Einige Blumen blühen.
Es wird schon wärmer. Es ist Frühling. |

| | Es ist wieder kälter und windig.
Die Bäume verlieren ihre Blätter.
Ich gehe mit meiner Laterne. Es ist Herbst. |

Zeit

Angebot 7
Bild-Text-Zuordnung: Kennst du die Uhren?

Ordne die Texte den passenden Bildern zu.

Das Wasser tropft durch ein kleines Loch von einem Becher in den anderen. Kleine Striche (Markierungen) am unteren Becher zeigen, wie viel Zeit vergangen ist.

An einer Kerze werden kleine Striche (Markierungen) angebracht. Man zündet die Kerze an. Nach einer bestimmten Zeit hat die Flamme einen Strich erreicht. Es ist zum Beispiel eine Stunde um.

Diese Uhr besteht aus zwei Gläsern. Beide Gläser sind durch eine Öffnung verbunden. Feiner Sand läuft in einer bestimmten Zeit von einem Glas ins andere. Diese Uhr heißt Sanduhr.

In der Mitte der Uhr ist ein Zeiger. Er bewegt sich nicht. Im Laufe des Tages wandert die Sonne über den Himmel. Der Zeiger wirft einen Schatten auf das Zifferblatt. Jetzt kann man die Tageszeit an der Sonnenuhr ablesen.

Zeit

Angebot 8
Zeit-Spiel (1)

Rücke um die gewürfelte Augenzahl vor.
Kommst du auf dieses Feld 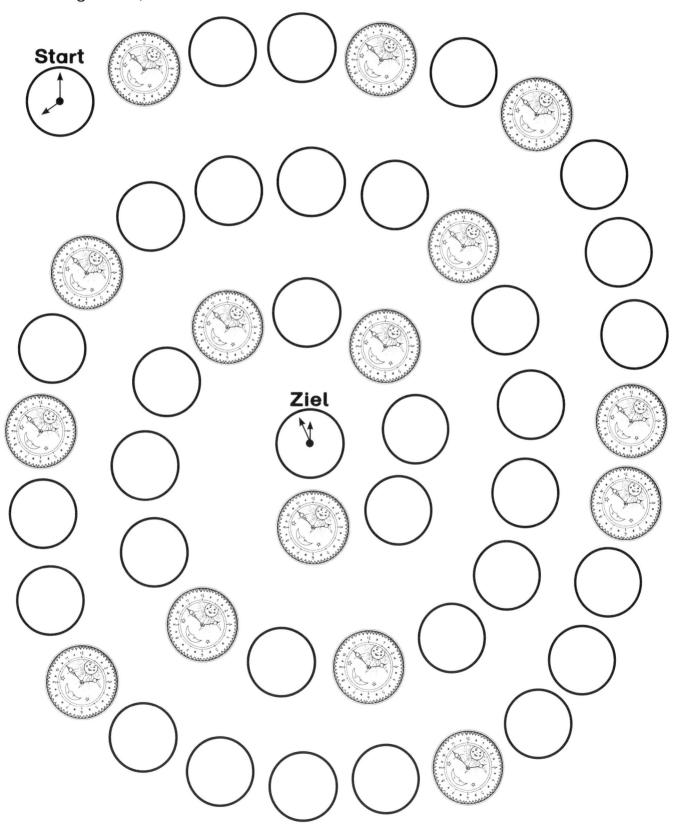, zieht dein Nachbar
eine Fragekarte, die du beantworten sollst.

Zeit

Angebot 8
Zeit-Spiel (2)

Fragekarten

Wie viele Tage hat die Woche? **7 Tage**	Wie viele Monate hat ein Jahr? **12 Monate**	Nenne die vier Jahreszeiten. **Frühling, Sommer, Herbst, Winter**	Zu welcher Jahreszeit gehört der August? **Sommer**
Welcher Tag kommt nach Mittwoch? **Donnerstag**	Mit welchem Tag beginnt die Woche? **Montag**	An welchen Tagen gehst du nicht zu Schule? **Samstag, Sonntag**	Zu welcher Jahreszeit schneit es? **im Winter**
Mit welchem Monat beginnt das Jahr? **mit dem Januar**	Nenne zwei Monate aus dem Frühjahr. **März, April, Mai**	In welchem Monat ist Sankt Martin? **November**	Welcher Tag kommt vor Samstag? **Freitag**
Mit welcher Uhr misst man beim Sport die Zeit? **Stoppuhr**	Welche Uhr hat keine Zeiger? **Sonnenuhr, Sanduhr, Digitaluhr**	Wie viele Stunden hat ein Tag? **24 Stunden**	Welcher Monat kommt nach September? **Oktober**
In welchem Monat ist Weihnachten? **Dezember**	Zu welcher Jahreszeit suchen wir Ostereier? **Frühling**	Welcher Tag liegt in der Mitte der Woche? **Mittwoch**	In welchem Monat hast du Geburtstag? **???**
Sortiere richtig: nachts, mittags, morgens, abends **morgens, mittags, abends, nachts**	Welchen Tag feiern wir am letzten Tag des Jahres? **Silvester**	Zu welcher Jahreszeit verlieren die Bäume die Blätter? **im Herbst**	Welche Uhr macht dich morgens wach? **Wecker**

Zeit

Angebot 9

Lesen in Rollen: Wie war es eigentlich früher? (1)

Verteilt die zwei Sprechrollen. 👓 Lest den Text gemeinsam laut vor.
Rollen: Paul (kurzer Text), Oma (mehr Text)

Paul: Oma, erzählst du mir mal wieder, wie es früher war?

Oma: Wovon soll ich denn erzählen, vielleicht von der Schule?

Paul: Oh prima, da bin ich aber gespannt. Wo war denn deine Schule?

Oma: Die Schule war im Nachbardorf. Aber die gibt es schon lange nicht mehr. Die ist schon vor vielen Jahren abgerissen worden.

Paul: Im Nachbardorf? Wie bist du denn dahingekommen? Mit dem Bus?

Oma: Nein, Schulbusse gab es noch nicht. Ich bin mit meinen Brüdern zu Fuß gegangen, jeden Tag und bei jedem Wetter.

Paul: Wirklich? Wenn es regnet, holt mich die Mama mit dem Auto ab.

Oma: Wir haben für einen Weg eine Stunde gebraucht.

Paul: Wie viele Kinder wart ihr in der Klasse und wie habt ihr gesessen?

Oma: Och, wir waren viele. Viel mehr als ihr heute. Es gingen bestimmt vierzig Mädchen in meine Klasse. Wir haben in langen Reihen eng nebeneinander gesessen. Es waren unbequeme Holzbänke.

Paul: Und wie viele Jungen waren in deinem Schuljahr?

Oma: Jungen gab es an unserer Schule nicht. Sie wurden an der Jungenschule nebenan unterrichtet.

Paul: Hattest du auch schon einen Schulranzen und so viele Bücher?

Oma: Nein, mein Junge. Unsere Schulbücher haben wir mit einem Band zusammengeschnürt. Wir mussten gut darauf achten, denn sie waren sehr teuer. Nur wenige Kinder trugen Schulranzen aus Leder.

Paul: Worauf und womit habt ihr damals geschrieben?

Oma: Wenn du Computer meinst, die gibt es ja noch nicht lange. Wir haben unsere Buchstaben auf kleine schwarze Schiefertafeln geschrieben. Die konnte man immer abwischen.

Paul: Hattet ihr keinen Füller und keine Hefte?

Zeit

Angebot 9

Lesen in Rollen: Wie war es eigentlich früher? (2)

Oma: Hefte durften wir erst später benutzen.
Zum Schreiben hatten wir einen Federhalter und ein Tintenfass.

Paul: Wir haben bei uns in der Klasse ein Regelplakat entworfen.
Gab es bei euch auch schon Klassenregeln?

Oma: Ich zähle dir gerne ein paar Regeln auf: Wir mussten mit geradem Rücken in der Bank sitzen. Wir durften uns nicht bewegen. Wenn der Lehrer die Klasse betrat, sollten wir aufstehen. Jeden Morgen mussten wir dem Lehrer unsere sauberen Hände vorzeigen. Die Hände mussten immer übereinander auf dem Tisch liegen. Sprechen mit anderen war strengstens verboten.

Paul: Und was passierte, wenn ihr die Regeln nicht beachtet habt?

Oma: Wir wurden immer sofort bestraft. Manchmal wurden wir mit einem Rohrstock geschlagen oder mussten lange in der Ecke stehen.

Paul: Das ist aber gemein. Ich bin froh, dass es heute anders ist. Unsere Lehrerin ist nett und nicht so streng.

Oma: Es kommt noch schlimmer! Im Winter, wenn es so richtig kalt war, saßen wir in Mänteln in der Schulklasse. Es gab keine Heizung. Manchmal wurde der Ofen in der Klasse angemacht. Das Brennholz mussten wir selbst mitbringen.

Paul: Da ist es mir heute mit Heizung, Computer und Gruppentisch doch lieber.

Zeit

Angebot 10

Sachtext: Ist das richtig?
Warum wird es eigentlich Tag und Nacht?

Morgens geht die Sonne auf. Die Kinder gehen dann zur Schule und die Erwachsenen zur Arbeit. Abends sind alle wieder zu Hause. Die Sonne ist wieder vom Himmel verschwunden. Für die Kinder ist jetzt Schlafenszeit. Warum ist die Sonne mal da und dann wieder weg?

Wir leben auf einem Planeten: der Erde. Auch wenn sie flach aussieht, ist sie rund wie ein Ball. Die Erde dreht sich immerzu im Kreis. Für uns scheint es aber so, als ob die Erde stillsteht.

Die Erde gehört zum Weltraum. Weit von der Erde entfernt, gibt es den Mond, die Sonne und viele Sterne.

Im Weltraum ist es dunkel. Die Sonne aber ist ein riesiger Feuerball. Sie sorgt für das Licht auf unserer Erde. Im Laufe des Tages sieht es so aus, als ob die Sonne über den Himmel wandert.

In Wirklichkeit bewegt sich aber nicht die Sonne, sondern die Erde. Auf der Seite der Erde, die der Sonne zugewandt ist, ist es hell und Tag. Auf der anderen Seite ist es dunkel und Nacht. Die Erde dreht sich und deshalb wird es mal dunkel und dann wieder hell. In genau 24 Stunden (1 Tag) dreht sie sich einmal um sich selbst.

Übrigens: In diesem Moment zeigen die Uhren in der ganzen Welt eine andere Zeit an. Das hängt davon ab, wann es hell und dunkel wird.

✏️ Kreuze an.

Der Planet, auf dem wir leben, heißt Erde.	ja	nein
Die Erde ist flach wie ein Teller.	ja	nein
Im Weltraum ist es hell.	ja	nein
Die Sonne sorgt für das Licht auf dieser Erde.	ja	nein
Weil die Erde sich dreht, wird es dunkel und hell.	ja	nein
Die Erde braucht eine Woche, um sich einmal um sich selbst zu drehen.	ja	nein
Im Moment ist es bei uns Tag.	ja	nein

Zeit

Angebot 11

Sachtext / Fragen:
Das Alter von Bäumen erkennen

Bäume wachsen langsam. Sie gehören zu den größten Pflanzen der Erde. Sie können auch älter werden als alle anderen Lebewesen. Es beginnt so: Der Samen eines Baumes fällt auf den Boden. Er beginnt zu keimen. Daraus wächst ein kleiner, zarter Sprössling aus der Erde. Wenn die Pflanze so hoch wie eine Hand gewachsen ist, beginnt eine gefährliche Zeit: Rehe und Hasen mögen die frischen Knospen besonders gerne und fressen sie ab. Bäume brauchen zum Wachsen Licht und Wasser.

In den nächsten Jahren wächst der Baum. Er wird größer und breiter. Er bekommt immer mehr Äste und Zweige. Sein Stamm wird dicker und bekommt eine schützende Rinde.

Manche Bäume können sehr alt werden. Eine Birke wird etwa so alt wie ein langes Menschenleben. Linden und Eichen werden bis zu tausend Jahre alt. Der älteste Baum ist mehr als viertausend Jahre alt.

In einem Jahr wird der Baum aber nur ein ganz bisschen größer. Sein Stamm wird nur um 2–3 cm dicker, das sind etwa drei Finger breit. Ein Baum ist geschützt, wenn sein Umfang größer als 80 cm ist.

Das Alter eines Baumes kannst du genau abzählen. Dafür muss er aber abgesägt werden. Im Stamm siehst du dann viele Ringe. Wenn du die Ringe zählst, weißt du, wie alt der Baum geworden ist.

✏ Kreuze an.

	ja	nein
Bäume wachsen aus Samen.	☐	☐
Die junge Pflanze heißt Sprössling.	☐	☐
Vögel und Käfer mögen die Knospen gerne.	☐	☐
Der Baum braucht zum Wachsen viel Brot.	☐	☐
Eine Eiche wird hundert Jahre alt.	☐	☐
Das Alter eines Baumes erkennt man an den Zweigen.	☐	☐

Wie alt ist dieser Baum?
Er ist .... Jahre alt.